Comment éveiller la vie intérieure de nos enfants

Sollicités par de multiples activités, gavés de biens de consommation, peu écoutés par des parents pressés, les enfants ont du mal à se poser. Un apprentissage pourtant essentiel pour accéder à leur intériorité, développer la richesse de leur personnalité et leur vie spirituelle. Alors ils pourront s'ouvrir sereinement au monde qui les entoure.

Hors-Série Famille Chrétienne édité par Édifa, société d'éditions pour la famille, 15-27, rue Moussorgski, 75018 Paris. Tél. : 01 53 26 35 00.

famille chrétienne

Vincent Montagne, **directeur de la publication.**

Thomas Grimont, **directeur général.**

Emmanuel Bourceret, **directeur de la rédaction des Hors-Série.**

Bénédicte Drouin, **rédactrice en chef.**

Yann-Loïc Jamin, **secrétaire général de rédaction.**

Christine Bray, **secrétaire de rédaction.**

Gilles de Solages, **directeur artistique.**

Jean-Marc Richard, **graphiste.**

Blanche Debaecker, **directeur du marketing**

Priscilla de Gironde, **chef de produit**

Impression : PPO Graphic, 10, rue Croix-Martre, 91120 Palaiseau CPPAP n° 1112c82544. Dépôt légal à parution.

EN PARTENARIAT AVEC

ENFANCE ET SAINTETÉ
33, rue de Paris
02 690
ESSIGNY-LE-GRAND
www.enfanceetsaintete.fr
enfanceetsaintete@gmail.com
Modératrice :
Anne Alméras
06 16 75 67 04
anne.almeras@laposte.net

L'association Enfance et Sai[...] teté répond à l'appel du pa[...] Jean-Paul II : *« Devenons to[...] des saints ! »*. Elle a pour bu[...]

4

d'aider les chrétiens à entrer dans le mystère de l'enfance spirituelle et de conduire les enfants à grandir en sainteté. Elle veut leur permettre de devenir davantage enfants de Dieu, conduits par l'Esprit Saint. La famille étant à la source de l'éveil et du développement spirituel des enfants, Enfance et Sainteté apporte aide, soutien et formation aux familles. À cet effet, elle organise des colloques pour aider les familles, parents et enfants, à devenir des saints. En ce domaine, les enfants sont souvent nos maîtres.

PROCHAIN COLLOQUE : du 28 oct. au 1er nov. 2015 à Paray-le-Monial.

Sommaire du BONUS

ÉVEIL À LA VIE

Par **Frère Laurent, o.p.**
Conseiller religieux d'Enfance et Sainteté

Le cœur du tout-petit, dès le sein de sa mère, s'éveille à l'intimité. Dès ce moment il perçoit tout, de l'intérieur. Demeure au cœur de son être ce lien unique et personnel avec son Créateur. Peu à peu, et cela s'accélère après sa naissance, l'enfant s'ouvre au monde qui l'entoure, tout en se découvrant lui-même. Et cette rencontre aimante avec ses parents, avec lui-même, et avec la réalité qui l'environne le ramène à cette expérience originelle de lumière et d'amour, à ce « contact » originel avec Dieu. Se creuse en lui, alors, le désir de la poursuivre et de l'approfondir, le désir de ce bonheur goûté lorsque son âme fut façonnée par le Seigneur. *« Le cœur des petits enfants n'a-t-il pas été créé pour prier, pour aimer ? »*, disait Marthe Robin.

Mais l'enfant a besoin de ses parents pour stimuler cet éveil qui se poursuit. Il a plus besoin encore de la grâce de Dieu afin de vivre cette expérience en pouvant nommer Dieu comme Père, Fils et Esprit-Saint, afin de devenir un croyant plein d'espérance et d'amour, afin de devenir un « ami de Jésus ».

L'enfant fait confiance, naturellement. Il se laisse guider et répondra avec élan aux sollicitations de l'Esprit, si toutefois nous ne l'en empêchons pas. Le rôle des parents, des éducateurs devient alors celui de permettre que cet éveil se réalise, de nourrir cette vie intérieure qui ne cesse de s'approfondir par la prière, par la lecture de la Parole de Dieu, « vivante et efficace » (*He* 4,12), par les sacrements et tout particulièrement par l'Eucharistie. En elle, il renouvelle cette expérience de communion avec Dieu. Il découvre plus précisément son identité d'enfant du Père, en Jésus et par l'Esprit.

À l'heure où de plus en plus de jeunes semblent chercher un idéal par trop radical, où l'échec scolaire et social semble ne plus cesser d'aug-

Édito

INTÉRIEURE

menter, où l'on fragilise la famille, il semble nécessaire de retrouver le sens de la vie et de l'importance de la famille fondée sur le mariage d'un homme et d'une femme.

Ce sens, ce sont en tout premier lieu les parents qui le transmettent, par leurs exemples et par l'éducation, dès le plus jeune âge de l'enfant. Par le baptême, l'enfant est incorporé à l'Église, dont il devient un membre. Il reçoit en même temps le patrimoine commun de la foi. Cette foi lui permettra d'approfondir sa relation au Père. L'éducation, en ce sens, ne consiste pas seulement en la transmission du dépôt de la foi, mais encore à susciter et permettre l'éveil de l'enfant à la vie intérieure. En se développant celle-ci suscite chez la personne une attention au vrai, au bien et au beau. Cette vie intérieure, nourrie et entretenue, s'enrichit de la grâce même de Dieu qui guide les actes de l'enfant. Par ailleurs, elle convoque les vertus qui permettent d'agir en vue du bien et en vue, finalement, de ce bien qui est au-dessus de tout bien et qui est Dieu Lui-même. Il n'y a aucune « magie » ici, et le combat spirituel, qui déjà se manifeste chez l'enfant, nous le révèle quotidiennement.

Avec l'éveil à la vie intérieure se creuse la conscience du péché qui vient obscurcir le cœur. Mais plus fondamentalement encore, c'est l'action de Dieu en lui que l'enfant découvre. Cette double prise de conscience doit être éduquée puis accompagnée par les parents et les éducateurs de l'enfant.

À ceux-ci, il revient de prendre en compte le désir profond qui jaillit du cœur de l'enfant afin d'y reconnaître un appel de Dieu à la sainteté. Car, au final, l'éveil à la vie intérieure ne vise rien d'autre que la communion avec Dieu : en ce monde déjà, puis dans le Monde-à-venir, quand « Dieu sera tout en tous » (1 Co 15,28).

Les parents sont souvent démunis devant l'ampleur de leur mission. C'est pourquoi l'Église, à travers ses ministres, et grâce à un grand nombre de mouvements et d'associations, se propose de les soutenir dans cette charge éducative qui, si elle est difficile, est également une source de joie et d'espérance pour les enfants, les jeunes et le monde. •

« Pactiser avec
l'enfant consommateur,
c'est souvent compromettre en lui
la genèse silencieuse de la vie
de l'esprit. »

MARGUERITE LÉNA
(*L'Esprit de l'éducation*)

L'ENVIRONNEMENT DE NOS ENFANTS

Pas facile de résister à la course à la consommation, de s'arracher aux écrans, de prendre le temps de s'arrêter. Si nous n'y prenons garde, la société contemporaine nous disperse plus qu'elle ne nous ressource.

D'ABORD ENTRETENIR NOTRE VIE SPIRITUELLE

« Parents, nous avons la responsabilité d'éveiller nos enfants à une vie intérieure, d'abord par la prière en famille bien sûr, mais aussi par le développement de leur prière personnelle. Au long de la semaine, quand des occasions se présentent, je les invite à prier : *"Pour untel qui a des problèmes de santé"* ou encore certains soirs, quand c'est trop la course, nous ne prions pas en famille. Je leur rappelle : *"N'oublie pas ta prière avant de t'endormir"*. »

Isabelle

PARTAGER SES DIFFICULTÉS EN FAMILLE

« Nous parlons des difficultés propres à notre foi et je ne prétends pas avoir de réponse à toutes les questions que mes enfants posent. Mais je me laisse aussi surprendre par leur prise de conscience de l'essentiel. À sa première communion, ma fille me confie : *"D'un côté, cela ne change rien, de l'autre, cela change tout"*. »

Amandine

Et vous, comment avec vos

SOIRÉES SANS ÉCRANS

« J'ai fait le compte, nous avons plus de dix écrans à la maison, avec trois enfants. Certains soirs, une à deux fois par mois, nous faisons "jeûne d'écrans". Et ce, du plus petit au plus grand, y compris pour les parents, ce qui n'est pas le plus simple. Et nous les remplaçons par la découverte de musiques en famille, un dîner crêpes, une soirée jeu… Histoire d'être disponibles les uns aux autres et de découvrir la joie de ces moments tous simples. »

Yves et Anne

C'EST TROP LA COURSE !

« J'ai repris un nouveau travail avec beaucoup de déplacements. Nous avons trois petits et ma femme est aussi bien prise par son cabinet d'infirmière libérale. Chez nous, c'est trop la course et nous n'avons guère de plages de calme entre les conduites, les courses et les activités. Pour le développement de la foi des enfants nous comptons d'abord sur l'éveil à la foi et le caté de la paroisse. »

Benoît

faites-vous enfants ?

Propos recueillis par **Marie de Peufeilhoux**

Ordinateurs, tablettes, télévision, activités non scolaires… Nos enfants sont sollicités de toutes parts. Dans ce contexte, comment les aider à développer leur vie intérieure ?

LA TÉLÉVISION REND LES ENFANTS ÉLECTRIQUES

« Mon mari et moi venons de prendre une décision, mettre la télévision dans un placard fermé pour qu'elle ne soit plus immédiatement accessible à longueur de semaine, sinon, comme notre logement est petit, nous avions un peu trop tendance à l'allumer pour qu'elle canalise les enfants. Et c'est vrai qu'avec les chaînes thématiques on trouve toujours un programme qui leur est adapté. Si, sur le moment, ils sont plus calmes, une fois le poste éteint, je les trouve à fleur de peau et ils se chamaillent de plus belle. Mesure complémentaire, j'insiste maintenant pour qu'ils aillent régulièrement dehors s'oxygéner et se défouler. Les dîners sont plus sereins depuis que nous avons pris cette décision. »

Clotilde et Jean

AU MILIEU DE LA NATURE, NOUS RECENTRER SUR L'ESSENTIEL

« Lors des camps scouts, nous proposons chaque jour “un quart d'heure Lumière” aux jeunes. Nous faisons silence, puis chacun s'isole et s'assoit dans l'herbe quinze minutes. C'est un moment privilégié d'intimité pour le jeune pendant lequel il peut réfléchir ou prier. Le camp au milieu de la nature, loin des sollicitations quotidiennes, aide à nous recentrer sur l'essentiel dans nos vies. »

Marie, cheftaine scoute

Témoignages

EN CLASSE, JE MULTIPLIE LES PAUSES SILENCE OU MUSIQUE

« Heureusement que l'école dans laquelle j'enseigne est dans un petit village où nous avons une grande cour de récréation, et dans l'école un bois où les enfants peuvent courir. Je suis institutrice depuis vingt ans et je vois que les enfants trop longtemps sur écrans (la majorité de la classe) sont plus irascibles, plus dissipés. Je prévois régulièrement des "pauses silence" ou encore des "pauses musique" de relaxation ou classique… Et quand ils n'en peuvent plus et qu'il fait beau, la séance de gym se passe dehors. Ils sont plus disponibles ensuite. »

Jeanne

JAMAIS SEULE !

« Notre fille, qui vient d'avoir 12 ans, est incapable de rester seule : elle invite tout le temps ses deux meilleures amies à la maison. Bien sûr, il y a un côté positif à cela, mais en même temps, elle n'est jamais seule avec elle-même. Depuis la rentrée, je l'oblige à rester un vendredi soir sur deux sans amies. Curieusement, Faustine s'est remise lire. »

Ludovic

PAS FACILE AVEC LES ADOS SECRETS

« Nos ados grandissent, ils ne nous parlent quasiment plus… Ce qu'ils vivent, ce qu'ils espèrent, nous échappe en grande partie surtout à moi qui suis en déplacement professionnel régulièrement. Les années d'enfance où les échanges sont faciles et nombreux passent trop vite ! »

Henri

COMMENT RÉPONDRE AUX QUESTIONS COMPLIQUÉES ?

« Mon fils de 8 ans passe son temps à me poser des questions existentielles : *"Pourquoi on meurt, maman ?"*, *"Dieu peut-Il vraiment tout faire ?"*, *"À quoi ça sert de prier si Dieu sait tout ?"*, etc. Au début, ça me décontenançait parce que je n'avais pas toujours la réponse et que je ne me suis jamais posé ce genre de questions… Alors j'ai décidé de créer un petit rituel : chaque matin, il me pose une question et je lui réponds le soir dans son lit. Comme ça, j'ai le temps de réfléchir ou de trouver la bonne réponse dans un livre ou sur internet. Récemment, j'ai fait une trouvaille : le livre de Juliette Levivier, *Dieu a-t-il créé les poux ? et autres vraies questions d'enfants sur Dieu, l'Église et la foi* (Éd. Mame). J'ai compris que c'est une chance de répondre à ses interrogations pour ouvrir le cœur de mon enfant à la vie de Dieu en lui. »

Pauline

"C'est quoi l'intériorité ? Pour moi, c'est un vaste fourre-tout..."

« Pourquoi chercher à développer l'intériorité de l'enfant ? Son intimité lui appartient... Chacun a son chemin et sa sensibilité. »

« Ma fille est secrète et peu bavarde, cela me gêne, je ne sais pas ce qu'elle vit, ce qu'elle pense. Plus je lui pose de questions, moins elle me parle. »

« J'ai peur que mes enfants envoient balader l'éducation chrétienne que nous leur donnons, ils baignent dans un univers dont les valeurs sont loin de celles de la maison. »

"Mon enfant passe beaucoup de temps à rêvasser. C'est sans doute un signe de grande imagination et de sensibilité, n'est-ce pas ? Mais ça m'énerve de le voir passif !"

« Mon fils est hyperactif, il ne tient pas en place. Comment l'aider à se poser pour découvrir son monde intérieur ? »

QUESTIONS DÉRANGEANTES

> Réponses p. 34

Le bavardage, un discret fléau

Le bavardage chronique des élèves compromet, l'air de rien, tous les apprentissages. Une enseignante lève le voile sur un phénomène de société sous-estimé par l'institution scolaire.

Par **Clotilde Hamon**

Il y a du larsen dans les classes. Les bavards ont pris le pouvoir, au point qu'on ne les remarque même plus. Le cours les ennuie, ils parlent pour s'occuper. Le cours les intéresse, ils parlent pour ajouter leurs commentaires. Florence Ehnuel enseigne la philosophie en terminale depuis quinze ans. Un jour, lassée de ce bruit de fond permanent, elle a mené l'enquête sur le bavardage qui parasite les classes.

Un sujet un peu hors-champ, face auquel les enseignants se trouvent gênés, tentés de culpabiliser en se disant que c'est leur cours qui ne parvient pas à susciter l'intérêt. Ou alors habitués, si bien qu'ils ne voient plus le problème.

Un flot de paroles, pour dire quoi ?

« *J'ai quelque chose à dire, je le dis tout de suite.* » Florence Ehnuel décrypte ce

« Le flot de paroles crée une jouissance immédiate, mais étouffe le plaisir plus profond **de découvrir quelque chose de nouveau.** Le bavardage donne un sentiment de plénitude, c'est une sorte de gavage. »

réflexe qui s'est instauré dans les esprits comme une forme d'addiction : « *Le flot de paroles crée une jouissance immédiate, mais étouffe le plaisir plus profond de découvrir quelque chose de nouveau. Le bavardage donne un sentiment de plénitude, c'est une sorte de gavage qui rend anorexique par rapport au savoir* ». Le bavardage maintient dans la répétition, l'allusion, et ne permet pas vraiment l'expression d'une pensée articulée.

C'est aussi un phénomène de société, où la parole est partout, mais ravalée à une sorte de bruit de fond. Les temps de parole saucissonnés à la télé, les textes courts et l'incessant flot de textos et de commentaires envoyés sur les réseaux sociaux. Pour dire quoi ? « *J'aime* », « *nul* », « *super* » Une sensation immédiate, à peine esquissée, qui ne prend pas la peine d'ouvrir la discussion. L'enseignante rappelle que « *La parole,* dit Montaigne, *est moitié à celui qui parle, moitié à celui qui écoute* ».

Elle voudrait au moins faire passer le message aux parents. Lesquels ont tendance à sous-estimer la gravité du problème en se disant qu'un bavard, c'est toujours plus chic qu'un ado inhibé et mutique, véritable tare sociale pour l'Éducation nationale.

Prendre le bavard à son propre piège !

En plus des méthodes habituelles afin d'obtenir le silence, comme parler moins fort pour obliger les élèves à tendre l'oreille et donc à baisser d'un ton, Florence Ehnuel propose quelques stratégies maison : distribuer de petits « *billets de bavardage* » à coller ou non dans le cahier de liaison ; préférer « *les mesures immédiates qui font jurisprudence* » aux avertissements à rallonge qui entretiennent l'accoutumance ; organiser des débats où le bavard sera mis en situation de distribuer et gérer la parole pour susciter une cuisante prise de conscience. ●

Les enfants et les écrans : stop aux

Serait-il impossible de résister aux écrans ? Ceux-ci ont-ils les vertus éducatives et sociales qu'on leur prête ? Pas si simple. Michel Desmurget [1], docteur en neurosciences, directeur de recherche à l'Inserm, s'alarme de l'utilisation abusive des écrans par les jeunes et de leurs conséquences sur leur santé [2].

Par **Clotilde Hamon**

Les « sans écran » sont des ringards...

FAUX Les mêmes qui vantent les bienfaits des tablettes pour les petits ne les donnent pas à leurs propres enfants. En Californie, les cadres dirigeants de l'industrie numérique mettent leur progéniture dans des écoles primaires hors de prix, garanties 100 % sans écran. On fait de grandes envolées sur la fracture numérique, mais en réalité, ce sont les enfants des milieux défavorisés qui payent le plus lourd tribut à cette folie. Les autres sont protégés des retombées négatives de ces outils. On prend soin de les habituer progressivement à tirer profit des aspects positifs possibles du numérique. Ce qu'il faut souligner c'est que la capacité à tirer profit

idées reçues !

des outils numériques demande des compétences qui se développent largement hors du numérique : synthétiser et organiser l'information, évaluer une source, se concentrer, lire, etc.

> « Les mêmes qui vantent les bienfaits des **tablettes** pour les petits ne les donnent pas à **leurs propres enfants.** »

Les jeux vidéo stimulent l'attention !

VRAI et FAUX Quand on vante les bienfaits du jeu vidéo sur l'attention, de quoi parle-t-on ? De l'attention rapide (autrement appelée attention exogène, de nouveauté, de distractibilité) : dès qu'un truc surgit sur mon écran, je me jette dessus comme un mort de faim. Cette forme d'attention, le bébé est livré avec : c'est la faculté innée à réagir vite à l'inattendu (une proie ou un prédateur). Mais l'attention qui intéresse vraiment les parents, c'est le contraire. C'est la capacité à rester concentré sur quelque chose de neutre voir d'ennuyeux, sans s'occuper du reste : la mouche qui passe, la conversation du voisin, les projets du week-end, etc. On voit bien que les deux systèmes s'opposent frontalement, une attention de « distractibilité » contre une attention de « concentration ». En surstimulant la première, on compromet gravement le développement de la seconde. Vous connaissez un instit, vous, qui ne se plaigne pas amèrement de la distractibilité et du manque de concentration de ses élèves ? ›

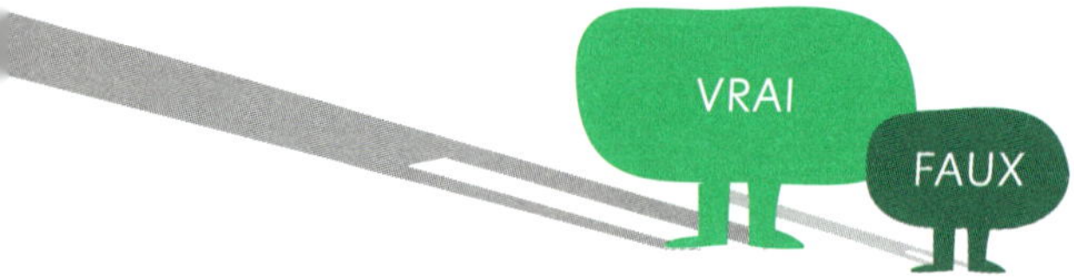

› Pas de smartphone, pas de copains ?

FAUX. Certains ados se feront peut-être chambrer, mais pas longtemps. Encore une fois, quand on leur parle, quand on prend le temps de jeter un œil avec eux sur la série qui passionne les copains (et qui s'avère souvent consternante), quand on leur décrit les mécanismes enclenchés par l'écran, les jeunes adhèrent et il arrive même qu'ils fassent des émules.

> « L'effort est nécessaire pour assimiler le savoir, et la mémoire structure le réel. »

Aucune étude n'indique un problème d'insertion sociale chez ceux qui n'ont pas de smartphone. À l'inverse, celles qui mesurent le bien-être, l'anxiété et le risque dépressif montrent que moins les jeunes sont exposés aux écrans, plus ils sont heureux. Ils sont moins soumis aux injonctions consuméristes déprimantes, parce qu'impossible à rassasier. Ils sont aussi moins sédentaires et ont moins de troubles du sommeil : la bonne santé du cerveau est directement liée à celle du corps.

Le SMS, c'est exponentiel...

VRAI. La dernière étude américaine chiffre à 4 000 le nombre moyen de SMS échangés chaque mois par nos adolescents. Elle indique une amplitude horaire presque équivalente entre le jour et la nuit ! Ils dorment avec le téléphone sous l'oreiller. On commence à avoir des études sérieuses sur les dangers de telles pratiques en matière de tumeurs cérébrales. Quant au sommeil, n'en parlons pas : il suffit qu'il y en ait un qui se lève pour aller aux toilettes et il réveille tout le monde par SMS si un bon mot lui passe par la tête. Or, un gosse qui dort mal et/ou insuffisamment, c'est un gosse qui se développe mal tant au niveau psychique qu'organique.

On peut verrouiller l'accès à la pornographie grâce aux logiciels de contrôle parental...

VRAI et FAUX. Les nouveaux écrans nomades ont accéléré la confrontation des images pornographiques. Certes, on peut limiter les dégâts avec les logiciels de contrôle, même si cela ne protège pas des écrans des autres et des vidéos envoyées par les copains. Mais tout aussi dangereux que la pornographie explicite sont ces images, présentes dans 70 à 80 % des contenus audiovisuels « tout public », qui donnent à voir une sexualité ubiquitaire et récréative : ces séries où les héros multiplient les aventures sans protection apparente, et où seuls les boutonneux retardés ne concluent pas. À force d'imprégnation, les jeunes finissent par se conformer à ces normes. Plus un ado consomme de télé, plus il a de chances d'avoir des conduites sexuelles à risque. Les mêmes mécanismes sont en jeu pour le tabagisme et l'alcoolisation précoces.

Les écrans rendent le savoir plus accessible…

VRAI et FAUX. On parle ici d'écrans plus « didactiques ». Dans ce domaine, le « *fun* » serait la panacée, mais il y a toujours un moment où il faut faire l'effort. Entre « avoir accès » et « comprendre » puis « digérer » le savoir, il y a une différence énorme. Les thuriféraires du numérique laissent à penser qu'on peut apprendre sans effort et qu'il n'y a rien à mémoriser, puisque tout est sur Google. C'est du flan. L'effort est nécessaire pour assimiler le savoir et la mémoire structure le réel : c'est quand l'enfant est capable de se souvenir du passé qu'il parvient à se projeter dans l'avenir. Sans maîtriser les savoirs de base, on ne peut pas avoir le déclic pour en construire d'autres. ●

(1) Auteur de *TV Lobotomie : la vérité scientifique sur les effets de la télévision*, éd. Max Milo, 2011.
(2) Lire aussi l'étude du 6/11/2014 sur www.anses.fr, dénonçant les dangers de la 3D pour le bon développement oculaire des enfants.

On bazarde tous les écrans de la maison ?

Le numérique offre des outils remarquables. Personne ne le nie, surtout pas moi : je ne peux absolument pas me passer de mon PC ni d'Internet pour travailler. On peut les introduire assez tôt lorsque leur usage est positif mais là encore, il faut être derrière le jeune et trier minutieusement, entre « le bon grain et l'ivraie ». C'est un apprentissage, pas du tout une espèce de martingale magique qui pourrait se substituer au travail, aux parents ou aux enseignants.

Ma fille de 8 ans à un e-mail que nous avons créé ensemble. Elle l'utilise pour échanger de temps en temps avec son parrain ou des proches qu'elle voit peu : elle a appris à se méfier des spams et des messages inconnus. Elle utilise parfois Word pour écrire de petits textes ou faire de petites « rédactions » (mais pas au détriment de l'écriture manuelle, essentielle à l'apprentissage du code écrit) ; pour l'école elle a fait un exposé sur les renards avec Powerpoint, Photoshop, l'encyclopédie Universalis (dont elle a le CD) et un moteur de recherche.

Quand elle a une question, on va sur un moteur de recherche et on cherche ensemble : quels mots-clés utiliser, comment se servir des booléens (*et*, *ou*), comment trier les infos pertinentes, comment remonter la pelote vers les textes fiables, etc. En revanche, pas de télé, de DS, de jeux vidéo, de Facebook, de Smartphone, de tablette, de pseudo-applications pour apprendre à compter ou à lire, ou autres « cochonneries » du genre… Bref, le maître mot c'est de garder le positif en excluant le délétère.

On nous vend toujours le numérique pour ses côtés positifs alors que la quasi-totalité des usages qu'en font nos enfants concerne les aspects les plus néfastes de l'outil. C'est malin mais malhonnête.

Michel Desmurget

« Les êtres de valeur doivent faire leur unité du dedans, et c'est à ce qu'ils ont de plus profond qu'il faut faire appel. »

MADELEINE DANIÉLOU
(L'Éducation selon l'Esprit)

LES AIDER À DÉVELOPPER L'ÊTRE PLUS QUE L'AVOIR

L'équilibre du rythme de vie, la présence exigeante des adultes tout comme leur écoute bienveillante, permettent à l'enfant d'accéder à son univers intérieur et de le développer.

Entretien

N'ayons pas peur de l'ennui !

De nombreux parents redoutent que leurs enfants ne sachent pas s'occuper et tournent en rond. Et pourtant, si le temps des vacances ou les pauses du week-end étaient l'occasion de ne rien faire, et de redécouvrir les vertus de l'ennui ? C'est le plaidoyer d'Etty Buzyn, psychothérapeute, et psychanalyste.

Propos recueillis par **Agnès Flepp**

« C'est aussi dans l'inactivité que les choses se décantent, que l'enfant trouve l'inventivité nécessaire pour s'occuper par la suite **et se diriger vers ce qui l'inspire.** »

Vous plaidez, dans votre ouvrage *Papa, Maman, laissez-moi le temps de rêver !*, pour « *le droit de ne rien faire* ». Les parents, pourtant, supportent mal de voir leur enfant inoccupé…

Parce qu'ils pensent qu'un enfant inactif est un enfant qui perd son temps ! Or, la capacité à supporter l'ennui reste un signe incontestable de bonne santé mentale. S'ennuyer est en effet une expérience formatrice nécessaire dans la vie d'un enfant. Ce temps où il cesse d'agir pour se confronter à la solitude lui permet de ne plus esquiver ses émotions mais de pouvoir, au contraire, les laisser se déployer dans son espace intérieur. Il peut aussi progressivement faire des découvertes sur sa capacité à puiser en lui les ressources nécessaires pour s'inventer des histoires qu'il mettra en scène plus tard dans ses jeux.

L'inactivité peut donc être constructive ?

C'est une façon pour un enfant, tout comme pour un adulte, de s'adonner à la « contemplation » et à une forme d'apaisement difficile à trouver dans l'activité constante. C'est aussi dans l'inactivité que les choses se décantent, que l'enfant trouve l'inventivité nécessaire pour s'occuper par la suite et se diriger vers ce qui l'inspire. Regardez les scientifiques, c'est souvent dans leurs temps d'inactivité qu'ils font leurs découvertes !

Il faut donc profiter des vacances pour ne rien faire ?

On propose toute l'année aux enfants des activités de plus en plus sophistiquées, mais ils ne savent plus observer le monde, ils n'ont plus le temps d'éprouver des sensations sans la médiation d'un écran ou d'une machine. Au moins pendant le temps des vacances, offrons-leur ce temps-là, le temps de rêver, de se sentir à l'abri de l'agitation, en dehors de l'urgence.

Pourtant, un enfant qui s'ennuie aujourd'hui est un enfant dont les parents s'occupent mal !

Parce que nous sommes dans une société de la tyrannie du « faire » et de l'hyperactivité, qui prône l'efficacité et la performance y compris dans les moments de loisir. ›

Et les parents se sentent effectivement coupables quand ils ne proposent pas des loisirs programmés, des activités attrayantes, sophistiquées ou rentables.

Il ne faut pas craindre de vivre à contre-courant ! Je vais vous raconter une anecdote. En novembre dernier, lors des vacances de la Toussaint, j'ai emmené mes deux petits-fils de 12 ans et 14 ans à la montagne dans un chalet : il n'y avait rien de spécial à faire, ce n'était plus l'été, pas encore la saison du ski. Nous nous sommes occupés en récupérant du bois dans la forêt, nous avons demandé au menuisier du village de nous le découper, et nous avons fabriqué des petits objets pour les cadeaux de Noël. Lorsqu'ils ont retrouvé leurs parents, les deux garçons ont affirmé qu'ils venaient de passer les meilleures vacances de leur vie ! Pourtant, ils n'avaient rien fait d'extraordinaire, mais nous étions avec eux, nous avons fait des choses ensemble.

« Donner son temps, c'est donner de l'amour, de l'attention ; c'est savoir reconnaître le ressenti de l'enfant. »

Vous voyez, c'est simple ! Il n'est pas très compliqué de partager quelque chose avec ses enfants, ne serait-ce qu'une conversation, une marche... C'est à la portée de chacun.

« *Être avec* », « *faire quelque chose* » avec ses enfants, c'est parfois plus exigeant que de les inscrire à un club, un stage, un camp...

Il ne s'agit pas non plus de les faire tourner en rond durant deux mois – leur proposer des activités choisies est profitable. Mais ne négligeons pas ces temps indispensables pour leur construction intérieure où nous faisons des choses avec eux.

Donner son temps, c'est donner de l'amour, de l'attention ; c'est savoir reconnaître le ressenti de l'enfant et lui accorder la place qui lui revient. Quand un enfant dit : « *Je m'ennuie* », moi j'entends parfois : « *Je m'ennuie de toi* », « *J'ai besoin de parler* », « *J'ai envie d'être avec toi* ». Faire des pâtisseries, coudre des vêtements, fabriquer des petits objets avec eux, sont des occasions de précieuses retrouvailles dans une proximité chaleureuse où s'enracinent des souvenirs de moments fugitifs, mais privilégiés.

« Il faut pouvoir supporter le manque et parfois même le créer. **N'ayons pas peur de la frustration !** Il est dans l'ordre des choses que les parents frustrent. »

Il ne faut pas se culpabiliser de ne pas répondre tout de suite à la plainte « *Maman, je m'ennuie...* » ?

Non. N'ayons pas peur d'introduire une part de délai, d'attente et de frustration face à cette demande. Satisfaire trop rapidement un enfant l'empêche d'exploiter et de développer ses facultés.

Françoise Dolto a rappelé combien le manque est essentiel pour se construire. D'abord parce que le fait d'être comblé n'existe pas, c'est impossible – *« il faut pouvoir supporter le manque et parfois même le créer. N'ayons pas peur de la frustration ! Il est dans l'ordre des choses que les parents frustrent »* – dans des proportions raisonnables, cela va sans dire – *« et que les enfants contestent, c'est-à-dire réagissent ! »*

En tout cas, il ne faut pas avoir peur d'y confronter l'enfant. Ne pas répondre tout de suite, trop vite, à cette plainte « *Je m'ennuie* » laisse le temps à l'enfant de trouver lui-même une occupation et favorise son initiative et son indépendance de pensée. Ces instants où l'on ne fait rien, ces moments de vacuité, sont nécessaires pour s'aventurer dans l'imaginaire, pour trouver des idées personnelles, originales, qui ne seront peut-être pas réalisables tout de suite mais qui permettent à l'enfant, ou à l'adolescent, de se projeter dans l'avenir. Sinon, il n'est que dans l'automatisme de la répétition, dans un sillon qui l'empêche de sortir des sentiers battus.

Bref, dans l'ennui, on peut imaginer d'autres choses, d'autres solutions, d'autres projets, d'autres réalisations de soi-même.

Un adolescent qui traîne toute la journée, sans but, c'est tout de même inquiétant...

Bien sûr, on ne peut pas laisser un enfant traîner durant deux mois de vacances, ni s'ennuyer tout le temps. Il ne s'agit pas non plus de justifier la léthargie de certains enfants, surtout adolescents, chez qui cela

› peut être le signe d'une dépression larvée. Je pense à ces jeunes Japonais qui, soumis à un rythme frénétique et insoutenable, se replient dans leur cocon, refusant toute communication avec l'extérieur, reclus dans leur chambre.

Je ne défends pas l'ennui pour l'ennui. Mais je soutiens qu'on en fait trop et qu'après une année très chargée, il n'est pas forcément souhaitable de faire enchaîner à l'enfant un stage multiactivité où vont se succéder dans la même journée la descente d'une rivière en kayak, une exploration en VTT et la visite d'un parc d'attractions. On assiste à une surenchère destructrice dans cette société qui a fait de la performance son culte, son idole ! N'hésitons pas, même si les jeunes récriminent au départ, à leur offrir des moments de retour sur soi, des plages d'inactivité qui ponctuent ces périodes d'activité. •

Etty Buzyn est aussi formatrice de professionnels de la petite enfance. Elle a travaillé en crèche, en maternité, en néonatalogie et en pédiatrie, à l'Aide sociale à l'enfance.
Elle a trois enfants et plusieurs petits-enfants.
Auteur de plusieurs ouvrages, dont : *Papa, Maman, laissez-moi le temps de rêver !, Me débrouiller, oui, mais pas tout seul ! L'Autonomie, mode d'emploi* (Albin Michel), elle a participé à la réalisation du film *Osons être parents.*
Contact : Mouvement mondial des mères, Boîte 55, 14, avenue René Boylesve, 75016 Paris. www.mmmfrance.org..

Dans un lit, à ne rien faire

*« [...] **J'ai l'impression que les personnes les plus armées face à la mort** ont expérimenté dans leur vie le non-faire, comme être assis sur un banc à recevoir un rayon de soleil ou à regarder la nature.*

***Ce sont des personnes qui vivent une dimension contemplative** naturelle ou qui ont des pratiques plus organisées, comme la méditation. Elles ont vécu des expériences qui ne sont pas de l'ordre de l'intellect ou de la pensée, et qui mettent en jeu la sensorialité. Je parle bien sûr de la mort au terme d'une maladie où les personnes se retrouvent dans un lit, à ne rien faire pendant des heures. Je les sens calmes et détendues, elles ne s'ennuient pas avec elles-mêmes. »*

Extrait de : *Le courage de vivre pour mourir*, Marie de Hennezel citée par Nourit Masson-Sékiné, Albin Michel/Espaces libres.

L'enfant a besoin **de sécurité**

Comment l'enfant peut-il développer son intériorité s'il est agité ou perturbé ? Il a besoin d'un milieu sécurisant offrant repères, écoute et confiance. Telle est la conviction d'Henriette Jeanne-Trapier, thérapeute de l'Association Roger-Vittoz.

Propos recueillis par **Bénédicte Drouin**

En tant que thérapeute Vittoz, comment travaillez-vous avec les enfants ?

Je mets en place un cadre, qui sécurise l'enfant. Je veille à installer une relation de confiance, de respect. Si l'enfant est respecté, il respectera l'adulte. Ensuite, l'empathie est nécessaire pour pouvoir nouer une relation. L'enfant a besoin de se sentir accueilli, entendu, reconnu, pris au sérieux.

Avec les plus jeunes, beaucoup de choses passent par le jeu. Ils ont besoin de découvertes, de concret, ils sont curieux de nouveautés. Les exercices Vittoz sont pratiqués de façon ludique avec des objets ordinaires, colorés et attirants : balles, pierres, coquillages, etc.

Petit à petit, les enfants apprennent par les contrastes (dur/mou, rugueux/lisse, sucré/salé, rapide/lent) à sentir, toucher, écouter, manger, en actes conscients.

› Ils deviennent présents à la sensation, découvrent la réceptivité si fondamentale pour le bon fonctionnement psychique. Elle est essentiellement accueil, capacité à recevoir, ouverture à soi et au monde. Cet état de réceptivité consciente est tout le contraire de la dispersion mentale, de l'agitation.

Que permettent ces exercices si anodins ?

De retrouver la conscience de son corps. Le toucher est très important : il est le premier sens éveillé chez le nourrisson, et souvent le dernier en fonction chez la personne très âgée. J'invite l'enfant à nommer sa sensation : ta main, qu'est-ce qu'elle te dit ? Froid ? Lourd ? Une sensation est juste, le corps ne ment pas.

L'enfant prend conscience qu'avec ses pieds il peut marcher sur les pointes, sur les talons, ou comme un moineau, comme un éléphant... Il découvre l'appui de ses pieds pour se tenir droit, marcher, s'élancer. Cette conscience des appuis (pieds comme assise) est essentielle. Elle contribue à apporter la sécurité. Une expression populaire dit : être bien dans ses baskets ! Ce n'est pas rien d'être bien dans son corps, d'habiter son corps.

> « Combien il est important de prendre le temps **de parler avec lui** de ce qui a été beau, bon, de l'écouter. »

L'enfant perturbé, instable, préoccupé, peut passer à côté de cette vie intérieure qui nourrit toute spiritualité.

Souvent, l'enfant s'extasie au cours des exercices. Vittoz favorise l'émerveillement. Un enfant est sensible au beau, au juste... Combien il est important de prendre le temps de parler avec lui de ce qui a été beau, bon, de l'écouter. Il a besoin que ses émotions soient entendues, accueillies. Peu à peu, au cours de la séance, au fil des mois, il se calme, se pose. La réceptivité favorise alors l'ouverture.

L'ouverture à quoi ?

L'ouverture à soi d'abord. La réceptivité permet de se connaître, de se reconnaître dans ses sensations, ses émotions, ses besoins profonds, mais aussi ses réactions habituelles.

Elle agrandit le champ de conscience, permet de s'ouvrir à l'intériorité, « cette petite voix » que nous avons tous en nous dès notre plus jeune âge. La réceptivité amène aussi à la contemplation.

L'enfant perturbé, instable, préoccupé, peut passer à côté de cette vie intérieure qui nourrit toute spiritualité. Je trouve que le Vittoz et le spirituel se « tricotent » très bien ensemble... Le docteur Vittoz, d'origine protestante, était profondément chrétien. Il m'est arrivé d'avoir la responsabilité d'un groupe de prière, d'une dizaine d'enfants de 6e et 5e. Ils venaient librement, arrivaient souvent agités. Nous avions passé un « contrat de confiance » sur le contenu des séances : un peu de Vittoz, le partage du jour et cinq minutes de prière individuelle, en silence, les yeux fermés. Moi-même, je le faisais. Je n'ai jamais eu besoin de jouer la police.

L'ouverture à soi favorise aussi l'ouverture aux autres. J'ai reçu un petit garçon repéré par l'école comme « violent » : il ne supportait pas qu'on le touche, ni que ses frères et sœurs rentrent dans sa chambre. À la fin des séances, au moment du bilan, sa maman m'a confié qu'il acceptait maintenant qu'elle le touche. De même, les relations avec ses frères et sœurs s'étaient améliorées.

On pourrait penser que l'enfant qui a connu peu d'expériences douloureuses ou d'échecs a plus facilement accès à son intériorité...

Ce n'est pas si simple ! L'enfant est comme une éponge. Dans le ventre de sa mère, il sent tout, ses joies, ses inquiétudes. Il entend la voix de son père, tout résonne en lui. Tous, nous avons reçu de l'amour blessé, et tous, nous redonnons de l'amour blessé.

« L'enfant est comme une éponge. Dans le ventre de sa mère, **il sent tout, ses joies, ses inquiétudes.** Il entend la voix de son père, tout résonne en lui. »

Je reçois aussi des adultes qui, pour certains, ont vécu de gros chocs émotionnels, mais parfois ce sont des choses anodines qui les ont affectés et qui ont pris de l'importance. D'autres sont bloqués par des attitudes ou des paroles maladroites, dures, répétées au long de leur enfance : « *Tais-toi !* », « *Applique-toi !* », « *Il faut que* »... Certaines sont plus graves : « *Tu n'as pas honte !* » Renouvelés, ces mots s'incrustent dans le psychisme. Notre travail consiste à retrouver cet « enfant intérieur », entendre sa souffrance, la valider et permettre une réconciliation avec l'adulte qu'il est.

Beaucoup d'enfants manquent de concentration ou se dispersent facilement. Pourquoi ?

Un enfant paisible a naturellement une bonne capacité d'attention. Si ce n'est pas le cas, il peut la rééduquer, la développer. Tout comme il peut apprendre à gérer son énergie. Par exemple avec des exercices utilisant le souffle face à la flamme d'une bougie, ›

Rencontre

avec une paille plongée dans un verre d'eau. Il s'ajuste et sent le fort, le doux, le très doux...

Est-ce nourrir le narcissisme d'un enfant que de prendre le temps de l'écouter, de parler régulièrement en tête à tête ?

Pas du tout, l'échange prépare une juste estime de soi, le respect de soi et donc des autres. Pour développer son intériorité, un enfant a besoin d'habiter son « chez soi », son être profond. Il est unique, par son prénom, son identité, son histoire.

La méthode Vittoz permet de revenir dans la réalité et le présent ; alors, une juste et saine créativité peut s'épanouir.

> « L'échange prépare une juste estime de soi, le respect de soi et donc des autres. Pour développer son intériorité, un enfant a besoin d'habiter son "chez soi", son être profond. »

Parfois, je l'invite à demander à ses parents de raconter sa naissance, comment on lui parlait petit, comment on le portait... Ces récits l'apaisent beaucoup. Difficile d'être soi si trop d'émotions non dites, non apaisées, vous habitent. Celles-ci engendrent agitations, angoisses, conflits et même dysfonctionnements physiques. Le corps dit juste. Il garde la mémoire des événements vécus, des émotions les plus enfouies.

Par ailleurs, écouter un enfant lui permet de faire l'apprentissage de l'écoute de l'autre.

Les modes et les rythmes de vie, les types d'éducation, ont-ils une incidence sur l'accès de l'enfant à son intériorité ?

Sûrement. Je me souviens d'une petite fille en difficulté scolaire. Sa maison abritait plusieurs télévisions, dont une dans sa chambre. Après quelques séances, j'ai proposé à sa mère de l'enlever pour que nous avancions dans le même sens et qu'elle puisse aussi prendre du temps pour parler avec son enfant. Je ne les ai pas revues.

Une éducation trop laxiste où l'enfant est livré à lui-même et aux écrans nuit à la qualité de la relation. L'absence de dialogues entre parents et enfants, entre frères et sœurs, maintient l'enfant dans sa solitude. À l'inverse, une éducation trop rigide ou perfectionniste aura tendance à le bloquer, à faire naître des peurs, à l'empêcher de développer sa confiance en lui, ses talents, d'accéder à ce qu'il porte d'unique.

Souvent, j'invite l'enfant à proposer des exercices Vittoz par le biais des jeux sensoriels avec ses parents. S'ils accrochent, nous avançons sur un boulevard. Un jour, une mère m'a dit : « *Maintenant, nous faisons tous du Vittoz à la maison !* ». Les parents peuvent prolonger les séances, prendre le relais. Et cela peut aller loin.

Et l'enfant qui est dans la lune, a-t-il une vie intérieure plus riche ?

Pas forcément, surtout si ses rêveries s'apparentent au vagabondage. Celles-ci peuvent conduire à une fuite de la réalité. Face à des bouleversements (deuil, séparation, incompréhension, injustice, etc.), l'enfant a ses propres ressources, il se débrouille pour vivre avec, à sa façon. Il peut s'évader en fuyant car la réalité fait trop mal. Il peut aussi se protéger par le mensonge, la fugue... Quand l'enfant ne peut pas dire par les mots, il s'exprime autrement.

Quel regard portez-vous sur la créativité de l'enfant ?

La méthode Vittoz permet de revenir dans la réalité et le présent ; alors, une juste et saine créativité peut s'épanouir. L'enfant en est rempli. Nous ne le voyons pas forcément avec nos jouets sophistiqués où il suffit d'appuyer sur des boutons. La créativité touche à la vitalité, favorise l'émerveillement. Elle permet de déployer ses innombrables capacités, nourrit la confiance en soi et la joie de vivre. ●

Qu'est-ce que la méthode Vittoz ?

La méthode Vittoz *vise à la rééducation du cerveau par la répétition d'exercices corporels et sensoriels variés et simples. Effectués en actes conscients, ces exercices permettent d'aider la personne à retrouver son unité.*

Le travail est basé sur des exercices *de réceptivité des sens qui rejaillissent sur le psychisme, pour l'apaiser, chasser les idées, les ruminations. Cette réceptivité ouvre en nous un espace libre, débarrassé du commentaire et du jugement.*

Mise au point par le Dr Roger Vittoz
au début du XXe siècle, cette méthode nous aide à être dans le senti, à refaire l'unité en nous-mêmes. La juste conscience de notre corps dans son environnement est une précieuse source de sagesse. Et dans la vie relationnelle, elle permet d'être davantage soi-même, dans une plus grande sincérité.

Chronique

L'attention au corps

Le rôle des parents est de développer toutes les dimensions de l'enfant. Voici quelques idées pour initier peu à peu l'enfant à l'intériorité alors que le monde lui donne sans cesse rendez-vous à l'extérieur de lui-même.

Par **Agnès Daubricourt**

L'échelle des besoins humains

Le psychologue Abraham Maslow a imagé la hiérarchie des besoins de l'être humain par une pyramide : selon lui, rejoindre le spirituel (placé en haut) n'est possible que si les besoins essentiels sont satisfaits (besoins physiologiques, sécurité, stabilité, affection…). Ainsi, pour que l'enfant puisse expérimenter la richesse de l'intériorité, il faut qu'il ne soit pas trop préoccupé à survivre.

Les priorités du tout-petit

Le bébé a d'abord besoin d'être cajolé, entouré physiquement et rassuré. C'est le terreau sur lequel pourra grandir sa certitude d'un monde intérieur sans danger. Sinon, une fois adulte, il risque de rechercher sans fin la satisfaction de ses besoins primordiaux.

> « Une balade en forêt sans bruit, la contemplation d'un soleil couchant, l'immensité de l'océan, sont des "instants d'éternité" qui conduisent à la transcendance. »

« Qui fait l'ange fait la bête »

Il faut trouver un équilibre entre le corps (et son contentement indispensable) et l'esprit (et son besoin d'intériorité, spécificité typiquement humaine). Sans intériorisation, l'enfant est amputé d'une partie de son identité. C'est donc une nécessité vitale d'en favoriser l'accès.

Apprivoiser la solitude

Le rêve, l'inaction, la prière favorisent la prise de conscience et le développement de la vie intérieure. Ils conduisent aussi parfois à aborder des questions essentielles et existentielles. L'hyperstimulation ou la surutilisation des écrans kidnappent l'intériorité, rendant l'enfant incapable de se confronter à un face-à-face avec lui-même, voire à un peu d'ennui. D'où l'importance, en famille et dès le plus jeune âge, de créer des zones ou des moments de silence et de solitude. Si une maison est accueillante et chaleureuse, il est aussi indispensable d'éviter trop de sollicitations et d'émulations extérieures (difficile si la famille est nombreuse ou si l'on est plutôt extraverti).

Apprendre à se poser pour voir, écouter, sentir

Il faut passer par le corps pour « descendre en soi ». Les cinq sens sont des canaux, des portes ouvertes vers l'intérieur. Les actes de réceptivité (écouter un son, sentir une odeur, toucher une matière...) où l'on ne fait qu'une chose à la fois, de manière consciente et volontaire, encouragent le chemin vers le « moi intérieur, invisible et profond » (cf. la méthode Vittoz ou la pleine conscience telle qu'elle est décrite dans *Calme et attentif comme une grenouille*(1)).

Apprendre à contempler et à s'émerveiller

Si l'enfant voit ses parents résister à la dispersion et se poser régulièrement (temps libre, lecture oraison, adoration...), il aura davantage inclination à le faire. De même, une balade en forêt sans bruit, la contemplation d'un superbe paysage de montagne, un soleil couchant, l'immensité de l'océan... sont des « instants d'éternité » qui conduisent à la transcendance.

L'intériorité se bâtit dans le temps et avec patience, même si elle est déjà présente chez l'enfant (on parle bien « d'âge métaphysique » vers 4 ans). L'enjeu est de lui permettre de devenir adulte mais aussi pleinement « humain » et de découvrir son « centre » pour pouvoir peu à peu se centrer sur plus grand que soi. ●

(1) Par Eline Snel, Éd. Les Arènes.

"C'est quoi l'intériorité ? Pour moi, c'est un vaste fourre-tout..."

L'intériorité est le centre caché de l'être à partir duquel la personne vit ses interactions avec le monde extérieur. Du plus superficiel au plus profond, elle comprend : les émotions que nous éprouvons, les réflexions que nous menons, les projets que nous élaborons, les décisions que nous prenons. Habiter son intériorité n'est pas une finalité en soi ; c'est la condition nécessaire pour vivre en personne libre et responsable dans le monde. La fine pointe de cette intériorité est la présence de Dieu en nous, même si elle échappe en partie à notre conscience. Et cette source peut diviniser notre vie. L'enfant a toutes ces potentialités en lui, il est important que l'éducateur ait conscience de cette « géographie ». Une éducation qui n'a pas le souci d'aider l'enfant à développer son intériorité ne peut atteindre son but. ●

« Pourquoi chercher à développer l'intériorité de l'enfant ? Son intimité lui appartient... Chacun a son chemin et sa sensibilité. »

Oui, il n'y a rien de plus personnel que l'intériorité. Chaque enfant a la sienne, et l'éducation nécessite du doigté pour la respecter. Dès 4 ou 5 ans, une fois la période de l'opposition passée, on peut repérer ce qu'il porte de façon particulière et unique. On aura tout intérêt à s'appuyer sur les dons de l'enfant pour lui permettre d'acquérir confiance en lui et de développer le reste. Mais en même temps on ne peut le laisser suivre ses seules inclinations et désirs. D'où la nécessité du travail éducatif... ●

« Ma fille est secrète et peu bavarde, cela me gêne, je ne sais pas ce qu'elle vit, ce qu'elle pense. Plus je lui pose de questions, moins elle me parle. »

Le silence d'un enfant peut être une protection face à un environnement ressenti comme envahissant, c'est souvent vrai à l'adolescence si les parents sont un peu pressants. Les enfants ont bien d'autres moyens d'expression que la parole : le corps, le dessin, l'écriture, le service… aux parents de reconnaître le langage préféré de chacun. Et si l'enfant plus *« taiseux »* à la maison parle à d'autres adultes de confiance (chef scout, oncle, tante), pas de raison de s'inquiéter…

Un jeune a aussi besoin que ses parents soient capables de partager ce qui les touche. Ce peut-être au cours d'un trajet ou à table, par exemple, où chacun évoque à tour de rôle ce qu'il a aimé pendant les vacances ou ce qu'il a trouvé pénible, ce dont il rêve pour le prochain déplacement familial… Ces temps d'échanges invitent chacun à rentrer en soi-même pour s'exprimer en vérité, à condition, bien sûr, d'être assuré de l'écoute bienveillante de tous. Il y a un temps pour s'écouter, il y aura aussi un temps pour se confronter.
Avec le petit on parlera directement. Avec l'adolescent on pourra lui demander si notre avis l'intéresse pour capter son attention et s'ajuster à sa disponibilité intérieure. Le plus court chemin de moi à moi passe par l'écoute par un autre. Grâce à elle, on analyse, on élabore, on projette. Sinon on ressasse.

RÉPONSES AUX QUESTIONS DÉRANGEANTES

… de la page 13.

Par **Marie-Paule Mordefroid**

Psychologue, éditrice et formatrice, fondatrice du cabinet IEDH, membre de la Communauté de l'Emmanuel, auteur de *Parents-Enfants : vivre les conflits*, Éd. de l'Emmanuel, 2008.

« J'ai peur que mes enfants envoient balader l'éducation chrétienne que nous leur donnons, ils baignent dans un univers dont les valeurs sont loin de celles de la maison. »

Si l'univers de la maison ne repose que sur des valeurs, elles seront balayées ! Si vous leur transmettez un enracinement dans une relation vivante et aimante avec Dieu, cela a plus de chance de tenir. Il revient aux parents de favoriser cet attachement aussi bien durant l'enfance qu'à la période charnière de l'adolescence. Et même si, à un moment donné, ils envoient balader l'héritage familial, ce qui aura été vécu de profond et de vrai restera. Les adolescents sont terriblement exigeants, ils détectent nos incohérences. Ils ont besoin d'adultes convaincus, unifiés. Il sont d'autant plus sensibles à la cohérence qu'ils sont en pleine période de construction, ils découvrent différentes façons de vivre et s'interrogent. Quel adulte vais-je devenir ? Quels repères choisir ?

Faisons confiance au Seigneur, dans la prière, pour toucher ceux qui sont les plus fermés ou qui ont moins reçu.

"Mon enfant passe beaucoup de temps à rêvasser. C'est sans doute un signe de grande imagination et de sensibilité, n'est-ce pas? Mais ça m'énerve de le voir passif!"

Il y a plusieurs manières de vivre son intériorité, l'enfant qui rêvasse est sans doute dans les couches les plus extérieures de celle-ci : l'imagination, la sensualité, une attention un peu narcissique à ses émotions... Pour l'aider à ne pas s'y enfermer, on peut lui proposer de mettre son imagination ou sa sensibilité au service d'un projet qui l'intéresse. Sans doute aura-t-il besoin qu'on l'accompagne dans sa réflexion et dans la mise en œuvre, avec beaucoup de respect. ●

« Mon fils est hyperactif, il ne tient pas en place. Comment l'aider à se poser pour découvrir son monde intérieur ? »

L'enfant hyperactif recherche l'action. Pas la peine d'exiger qu'il se pose sans projet. En revanche on peut lui demander assieds-toi, que veux-tu faire ? Comment vas-tu t'y prendre ? Il a besoin qu'on l'aide à formuler ses intentions. Il lui faut aussi des séquences très courtes, sinon la tension monte. De même, les rituels l'aident, le canalisent, ils annoncent l'activité suivante.

J'ai eu la chance de suivre ma scolarité dans une école Montessori, je me souviens encore des leçons de silence durant lesquelles la maîtresse nous appelait. Installée au piano, elle nous dictait de petits exercices : marcher sur une ligne, changer de rythme en fonction de la musique... Ils nous introduisent au calme, au silence. Maria Montessori définit l'enfant comme « un esprit absorbant » ; l'enfant reçoit tout, sans filtrer ; le corps et l'esprit ne font qu'un pour elle, d'où la nécessité de soigner les ambiances. ●

« Yahvé m'a appelé
dès le sein maternel, dès les entrailles
de ma mère Il a prononcé
mon nom. »

ISAÏE 49,1

AU PLUS PROFOND D'EUX-MÊMES, REJOINDRE DIEU

Toute personne est le temple de l'Esprit, mais l'enfant par sa simplicité, sa vulnérabilité, a des prédispositions particulières pour rejoindre le Seigneur qui l'habite et développer une intimité avec Lui.

Nourrir leur intériorité, pour qu'ils soient des saints

L'éducation suppose le développement de toutes les facultés, chacune est importante pour que le jeune grandisse harmonieusement mais aussi pour qu'il rencontre Dieu. Interviews croisées de Marguerite Léna, philosophe, auteur de *L'Esprit de l'éducation*, et d'Isabelle Leneveu, responsable de niveau au collège Sainte-Marie de Neuilly.

Propos recueillis par **Bénédicte Drouin**

« Chez l'enfant, cette vie intérieure affleure plus simplement que chez les adultes, **elle est moins parasitée, moins encombrée de préjugés.** »

Pour vous, que recouvre la vie intérieure de l'enfant ?

Marguerite Léna : La vie intérieure d'un jeune est la même que celle de toute personne humaine : elle a une vie invisible qui se manifeste dans une conduite visible, mais jamais de manière totalement exhaustive. Notre vie intérieure concerne tout ce à quoi nous avons seuls directement accès et que nous pouvons ou non partager avec les autres : nos sentiments, notre vie intellectuelle, nos aspirations, nos expériences spirituelles... On peut distinguer des niveaux de profondeur différents, l'ultime est ce sanctuaire caché où l'âme est en contact avec Dieu.

Isabelle Leneveu : Chez l'enfant cette vie intérieure affleure plus simplement que chez les adultes, elle est moins parasitée, moins encombrée de préjugés. Par exemple, je suis frappée par leur sens du bien, de la justice, la spontanéité de leur générosité.

Y a-t-il des obstacles particuliers aujourd'hui à l'éveil de l'intériorité de l'enfant ?

I.L. Les jeunes vivent dans un monde où il faut sans cesse dire, faire, voir quelque chose. Il leur est parfois difficile d'avoir accès à leur propre intériorité. À l'école nous proposons depuis toujours des temps de silence. Par exemple le matin, les enfants peuvent arriver une demi-heure plus tôt pour lire, réfléchir, rêver, prendre une bande dessinée... Je ressens de plus en plus le prix de ces moments.

Si le manque de silence est le premier obstacle, la moindre présence des adultes, pris par des vies professionnelles parfois très lourdes, en est un autre. L'enfant a besoin de se confronter avec quelqu'un de plus avancé que lui pour développer son intériorité. Un adulte qui a conscience de son rôle peut y remédier.

M.L. Oui l'éducateur éveille, il permet de nommer, d'analyser ce qui est vécu. L'école sert aussi à cela, à travers chacune des disciplines, car chacune exige l'attention, la réflexion, la mémoire, bref

développent et ornent notre demeure intérieure, peut-être en particulier la littérature. Grâce à elle, le jeune lecteur apprend à mettre des mots sur ses sentiments, à les identifier, à en découvrir de plus riches humainement, à s'ouvrir à autrui.

Aujourd'hui, la consommation excessive, la multiplication des écrans, brouillent la vie intérieure ; ils font partie du monde dans lequel les enfants grandissent. Il ne s'agit pas de les diaboliser, car on ne peut élever un jeune en dépréciant le monde qu'il habite ; sinon on entre dans un combat perpétuel, perdu d'avance. Essayons plutôt de nous saisir de ces nouvelles opportunités : ce sera plus intelligent et plus éducatif. Comment faire en sorte qu'elles deviennent des moyens pour accéder à plus de vraies relations, d'ouverture ? Prenons l'exemple des repas du soir : ils ne sont pas évidents à maintenir quand les parents ou les adolescents rentrent tard ; mais plutôt que chacun aille se servir dans le frigo, pourquoi ne pas établir un ou plusieurs soirs où l'on prendra un repas en famille et où l'on essaiera de s'écouter les uns les autres ? C'est la même chose avec les écrans, les jeunes ont besoin d'être accompagnés, qu'on les aide à réfléchir, à identifier ce qui est juste, ce qui est bon ou non…

> « Les jeunes ont besoin d'être accompagnés, qu'on les aide à réfléchir, à identifier ce qui est juste, ce qui est bon ou non… »

Est-ce que l'éveil de l'intériorité passe par les mêmes moyens pour tous les enfants ? Quand un enfant semble peu réceptif, que conseillez-vous ?

I.L. Oui d'une façon générale les mêmes choses sont nécessaires aux enfants : la présence exigeante de l'adulte, des temps d'écoute, le respect de leur liberté la plus profonde… ensuite chacun est unique, a son propre rythme. Par exemple, en ce qui concerne la confirmation, nous en faisons la proposition, en reparlons tous les ans, certaines la demandent à 12 ans, d'autres à 18 ans ; dans les deux cas c'est une grande joie, rien n'est mieux ni moins bien.

M.L. Dans le quotidien, nous croyons à l'apprentissage de la capacité d'admirer,

« Plus on est intérieur et plus on est incarné, plus on est capable de relations avec les autres. **De l'union à Dieu rejaillit le goût de la vie.** »

de discerner, aux vertus du travail de l'intelligence. Mais ce ne sont pas les mêmes disciplines, et pas au même moment, qui construisent l'intériorité de chacun. Pour certains ce sera le cours de philosophie, pour d'autres le cours de sport qui leur apprendra à se dépasser, à vaincre la peur... Avec ces disciplines, on est plus sur le « parvis » de l'intériorité, mais habituellement il est nécessaire d'y passer un peu de temps pour réussir à accéder au saint des saints, le lieu de la présence de Dieu. Les parents, les professeurs ont à repérer ce qui va le plus aider l'un ou l'autre. Ensuite Dieu est libre, il peut agir directement dans une âme.

Pour les enfants qui semblent peu réceptifs je me méfierais des apparences, et il est certain qu'on n'ouvre pas une fleur en tirant dessus. Il n'y a pas une règle à appliquer une fois pour toutes pour réussir, sinon cela se saurait. La patience, l'écoute de l'enfant sont indispensables. Madeleine Daniélou rappelait l'importance de ne pas « se laisser hypnotiser par les défauts ».

I.L. De plus, un enfant est un être en construction, il a besoin de temps pour développer harmonieusement toutes ses potentialités.

Est-ce que la vie intérieure peut se développer sans que l'enfant apprenne à exercer son jugement, son esprit critique ?

M.L. La capacité de discernement est fondamentale. Soit vous vivez en mode « on » mobilisé par les médias, internet, la mode, soit vous vivez en « je ». Qu'est-ce que je veux, qu'est-ce que je pense de ce qui est proposé ? Ce discernement permis par la réflexion personnelle donne une note différente aux choix comme aux actions.

I.L . La seule multiplication des temps de prière ou de retraites ne permet pas à un jeune de développer son intériorité. Il lui faut aussi s'ouvrir à la vie, à la réflexion, à l'action, au service. Plus on est intérieur et plus on est incarné, plus on développe ses talents, plus on est capable de relations avec les autres. De l'union à Dieu rejaillit le goût de la vie.

Qu'est-ce qui vous permet de dire avec autant d'assurance que Dieu agit dans l'âme des enfants, des jeunes ?

I.L. Il suffit d'ouvrir les yeux, d'écouter les jeunes. En charge de la préparation à la confirmation, je constate que lorsque nos élèves la demandent, elles perçoivent la conduite de Dieu sur elles, cette proximité du Père. Dans un entretien, nous discernons le sens de leur demande et je suis

« Croire à la vie de l'esprit c'est croire qu'en tout homme, quelle que soit sa condition, **existe une aptitude à discerner la vérité,** à la préférer au mensonge. »

› émerveillée par cette vie intérieure qui les anime. Le rôle de l'éducateur chrétien est de proposer des événements marquants qui réveillent, consolident la foi du jeune.

M.L. L'une de nous a été pendant plusieurs années dans le nord de Paris pour une permanence auprès de jeunes défavorisés. Elle raconte que, quand elle parlait avec eux des questions qui les préoccupaient, elle les entendait toujours à un moment exprimer le verdict de leur conscience. Il faut alors l'aide de l'adulte, il a le rôle du puisatier qui descend au plus profond pour trouver cette eau fraîche, source de vie. Croire à la vie de l'esprit c'est croire qu'en tout homme, quelle que soit sa condition, existe une aptitude à discerner la vérité, à la préférer au mensonge. Certes l'intériorité de tous les enfants n'est pas forcément renouvelée par la grâce baptismale, mais elle prépare la demeure de l'Esprit.

Y a-t-il des périodes propices à l'action de Dieu dans la vie d'un jeune ?

I.L. L'enfant jusqu'à 6 ou 7 ans aborde les choses de Dieu avec une certaine fraîcheur et avec bienveillance. L'adolescence aussi est un moment propice à la rencontre avec Dieu. C'est l'âge des grands questionnements, où le jeune va avoir besoin de lieux extérieurs pour dire ce qu'il ne peut plus dire à la maison.

M.L. La vie intérieure comme toute vie est marquée par des rythmes, des saisons différentes. La vie spirituelle n'échappe pas à ces alternances. *« Ma retraite est loin, je ne sens plus rien »,* me confiait une jeune, oui mais ce n'est pas pour cela que Dieu n'agit pas !

À l'adolescence, il faut leur apprendre à lire les signes de la présence et de la patience de Dieu dans leur vie. L'Esprit Saint est douceur, discrétion, joie et paix, il fait grandir les vertus évangéliques en nous, celles révélées par le Christ à travers les béatitudes. *« Dieu Lui-même instruit les adolescents »*, notait Madeleine Daniélou, elle soulignait la force d'un jeune capable de se renoncer pour choisir la pauvreté, de supporter un sacrifice, une humiliation sans amertume... Tout cela se passe encore aujourd'hui.

Les parents peuvent-ils chercher à avoir accès à l'intériorité de l'enfant ?

I.L. Cette vie intérieure échappe parfois même aux enfants... alors, pour les parents, c'est encore plus délicat. Il est important qu'ils la respectent car elle ne le leur appartient pas. Je pense à l'histoire d'Origène que vous racontez souvent Marguerite.

M.L. Origène, un Père de l'Église, raconte que son père, quand il s'approchait du berceau de son fils après son baptême, l'embrassait en s'inclinant devant la présence de Dieu qui l'habitait désormais. Votre formule « chercher à avoir accès » me met un peu mal à l'aise. Le tortionnaire cherche à pénétrer de force l'intimité de sa victime. En réalité l'intimité se donne, on ne la prend pas. On peut comprendre que les parents par amour veuillent savoir ce que vit leur enfant ; mais il vaut mieux les inciter à prendre les moyens de nourrir son intériorité, de la solliciter pour qu'elle s'exprime, de discerner ce qui l'habite plutôt que de chercher à tout prix à la contrôler. *« Le meilleur de la vie spirituelle de nos enfants nous échappe, parce qu'il est incommunicable, et que la créature doit rester seule avec son Créateur »*, telle est la conclusion du livre de Madeleine Daniélou *L'Éducation selon l'Esprit*. Après avoir passé 200 pages à réfléchir à l'éducation, elle invite les parents à rester dans l'humilité et la discrétion.

> « Le meilleur de la vie spirituelle de nos enfants nous échappe, parce qu'il est incommunicable, et que la créature doit rester seule avec son Créateur. »

I.L. Sur cette question j'aime rappeler l'épisode de Jésus au Temple avec les docteurs de la Loi. Marie et Joseph le cherchent, s'inquiètent et finalement ne comprennent pas vraiment sa réponse. Mais Marie ne démissionne pas de son rôle de mère pour › autant, elle garde toutes ces choses dans son cœur et sa prière.

> « Seuls les êtres qui ont une vie intérieure nous éveillent à la vie intérieure. Je me souviens d'une Sœur âgée qui, par tout son être, était un appel à la vie intérieure. Le Seigneur était là, vivant en elle. »

Qu'est-ce qui revient aux parents si l'Esprit Saint est le Maître intérieur ?

M.L. L'Esprit Saint n'est jamais quelqu'un qui fait tout à la place des autres. C'est aux parents d'agir, d'enseigner, de stimuler. Tout leur revient, et en même temps on peut dire que tout leur échappe. Ils n'ont pas prise sur ce ressort ultime qui est le plus intime, le saint des saints du cœur de l'enfant. Il n'y a pas moitié l'action des éducateurs et moitié l'action de Dieu. Les parents jouent leur partition, mais en cherchant à être dociles à ce Maître intérieur. Ils sont des éducateurs éduqués.

L'enfant vit par ailleurs au présent, il ne faut pas craindre de répéter, de rappeler ce qui s'est passé de bien, de bon, ou au contraire ce qui a été difficile et pourquoi. En ce sens, les temps de relecture, les examens de conscience sont bénéfiques.

I.L. Je pense à une jeune qui a demandé deux fois la confirmation. Elle expliquait que sa vie n'avait pas assez changé et qu'elle avait à nouveau besoin de recevoir l'Esprit Saint. Depuis cet épisode nous faisons le point régulièrement un mois après la célébration. Les confirmées ont besoin de reparler de ce qu'elles ont vécu, c'est une période où elles découvrent le combat spirituel qu'elles auront à vivre. Je me souviens de l'une d'elles qui en témoignait de façon très précise : *« J'ai un côté ange et un côté démon »*. Ce fut l'occasion de leur rappeler que l'Esprit Saint n'est pas un magicien qui ferait les choses à notre place.

Les éducateurs peuvent-ils faire grandir l'intériorité de leurs enfants s'ils n'ont pas le souci de la leur ? Dans ce cas, c'est très exigeant…

M.L. Seuls les êtres qui ont une vie intérieure nous éveillent à la vie intérieure. Je me souviens d'une Sœur âgée qui, par tout son être, était un appel à la vie intérieure. Elle était habitée du dedans, le Seigneur était là, vivant en elle.

I.L. En même temps la vie intérieure est quelque chose de naturel, elle ne consiste pas à faire de grandes choses, elle est donnée, accessible à tous. La confiance en l'autre est un élément clé de l'éducation. Il ne s'agit pas d'une attitude béate et naïve qui ferait que l'on se contente de rester dans l'immobilisme. Elle est une posture fondamentale accompagnant le désir de l'enfant, capable d'être attiré par le bien, le vrai, le bon.

M.L. On parle beaucoup des droits des enfants et je m'en réjouis. Mais on en oublie un qui est fondamental, « le droit spirituel ». L'enfant a le droit que son désir de Dieu soit nourri. Et nous avons le devoir de le faire.

Dans *L'Esprit de l'éducation*, Marguerite Léna, vous écrivez que l'éducateur chrétien doit *« conjuguer extrême ambition et extrême discrétion »*. N'est-ce pas contradictoire ?

M.L. L'éducation chrétienne consiste à avoir la plus haute ambition pour des enfants : qu'ils soient des saints. Mais ce n'est pas en les traînant à la messe tous les jours ou en leur imposant des sacrifices héroïques qu'on leur donnera le goût de la sainteté. Une fois qu'il a fait ce qui lui revenait, l'éducateur chrétien doit garder une grande discrétion. On ne met pas la main sur les choses de Dieu, dans notre vie comme dans celle des autres.

> « L'éducation chrétienne consiste à avoir la plus haute ambition pour des enfants : **qu'ils soient des saints.** »

I.L. Nous n'avons pas effectivement à forcer l'entrée dans le fort interne des enfants, en même temps il faut un cadre non négociable qui porte une exigence. Il facilite la vie.

M.L. Je ne sais plus qui parlait de « la fatigue d'être soi » pour dénoncer les excès du libéralisme où l'on doit tout le temps tout choisir. Il y a une exigence portée par le cadre qui bénéficie à tous. Je me souviens comme professeur d'avoir parlé à la cantonade pour rappeler des points essentiels dont avaient besoin une ou deux élèves en particulier. Un cadre défini est très respectueux des personnes et libérateur. Un éducateur n'est pas un flic. Le flic est là pour pointer et sanctionner les infractions, c'est tout. L'éducateur est là pour voir les tentatives, les progrès, c'est autre chose. Le feu de l'Esprit évite à l'éducateur la démission et l'excès de raideur.

Paroles à transmettre

Rendre les enfants « capables de Dieu »

par **Jean-Paul II**

« L'éveil à la foi dans le cadre familial est capital ; il permet à l'enfant d'avancer dans sa recherche intérieure de Dieu, Père de toute vie, et de découvrir la vérité profonde du mystère chrétien. La prière en famille est aussi une grande richesse, car elle offre à chacun la possibilité d'apprendre les mots de la relation filiale avec le Seigneur. Alors que l'enfant développe son intériorité et qu'il devient *capax Dei [capable de Dieu, Ndlr]*, comme disent les Pères de l'Église, la famille a un rôle irremplaçable et spécifique pour sa formation humaine et spirituelle. La tendre enfance est une période importante pour la découverte des valeurs humaines, morales et spirituelles… C'est souvent une occasion pour les parents de s'interroger sur leur propre foi, sur leur attachement au Christ et sur la conformité de leur existence avec l'Évangile. En effet, comment les parents peuvent-ils répondre aux demandes exigeantes des tout-petits et rendre compte de l'espérance qui est en eux s'ils ne prennent pas le temps d'approfondir leur propre démarche chrétienne, de rencontrer le Christ par la prière, par la lecture de l'Écriture et par la vie ecclésiale ? »

Discours aux évêques du Québec, 1999.

Donner aux enfants les armes du combat spirituel

par **le Père Daniel-Ange**

« Si le petit enfant a un tel besoin des sacrements, c'est que très tôt Jésus peut l'associer à son propre combat spirituel. Adultes dans l'Esprit, Dieu les traite déjà comme tels. Leurs petites luttes contre leurs défauts s'impliquent dans le grand conflit entre lumière et ténèbres qui déchirent le monde. […] Nos enfants sont plongés dans ce mystère du combat spirituel. Ils y sont mêlés d'une double manière simplement par le combat de la prière et autrement par le domaine de l'offrande de leurs souffrances à Jésus. Jésus les sent tellement pleins, tellement fils, qu'il les fait participer à sa mission, dans le cheminement de la nuit et de la lumière en eux. Il faut donc qu'on leur donne les armes du combat spirituel, et ces armes sont les armes de l'Eucharistie, de la prière et de la confession. Nous sommes dans un monde où sont lâchés les esprits impurs, où sont lâchés les démons, et plus encore que dans les siècles passés il faut que nous donnions à nos enfants des armes solides, fortes. Et les sacrements sont des armes que le Christ va affiner, aiguiser en nous de manière de plus en plus forte...

[...] Nos enfants qui sont les choisis, les élus du Seigneur, risquent tout, parce que le diable hait l'innocence. Cette innocence qui est leur seule défense, mais aussi leur plus grande vulnérabilité. Il se permet des combats dans le cœur de nos enfants dont nous ne connaissons pas, nous ne voulons pas connaître l'amplitude parce que cela nous met en face de nos responsabilités et de notre propre combat ; et nous avons peur d'exercer notre autorité de baptisés contre le pouvoir des ténèbres. »

Ton enfant, il crie la vérité (Fayard, 1983).

L'ardeur vive et inconnue
d'une jeune fille de 13 ans

par **sainte Thérèse de l'Enfant-Jésus**

« En cette nuit de lumière commença la troisième période de ma vie, la plus belle de toutes, la plus remplie des grâces du Ciel... En un instant l'ouvrage que je n'avais pu faire en dix ans, Jésus le fit se contentant de ma bonne volonté qui jamais ne me fit défaut. Comme ses apôtres, je pouvais Lui dire : *« Seigneur, j'ai pêché toute la nuit sans rien prendre »*. Plus miséricordieux encore pour moi qu'Il ne le fut pour ses disciples, Jésus prit Lui-même le filet, le jeta et le retira rempli de poissons... Il fit de moi un pêcheur d'âmes, je sentis un grand désir de travailler à la conversion des pécheurs, désir que je n'avais senti aussi vivement... Je sentis en un mot la charité entrer dans mon cœur, le besoin de m'oublier pour faire plaisir et depuis lors je fus heureuse ! [...]

Un dimanche en regardant une photographie de Notre-Seigneur en Croix, je fus frappée par le sang qui tombait d'une de ses mains divines, j'éprouvai une grande peine en pensant que ce sang tombait à terre sans que personne s'empresse de le recueillir, et je résolus de me tenir en esprit au pied de Croix pour recevoir la divine rosée qui en découlait, comprenant qu'il me faudrait ensuite la répandre sur les âmes... Le cri de Jésus sur la Croix retentissait aussi continuellement dans mon cœur : *« J'ai soif ! »*. Ces paroles allumaient en moi une ardeur inconnue et très vive... Je voulais donner à boire à mon Bien-aimé et je me sentais moi-même dévorée de la soif des âmes... »

Histoire d'une âme.

Décryptage

De l'enfance à l'adolescence, les saisons de la vie spirituelle

Comment parler de Dieu aux enfants en fonction de leur âge ? Le Père Philippe de Maistre (1) décrypte pour nous les différents âges de la vie spirituelle chez l'enfant et l'adolescent.

Par **Olivia de Fournas**

Jusqu'à 2 ans

La conscience d'amour : la perception de son mystère

Dès sa conception, l'enfant est en relation avec Dieu. Au moment mystérieux où Il insuffle l'âme à l'enfant, Dieu crée, en quelque sorte, une « ligne directe » avec Lui. Contrairement à ce que pense Freud, la première conscience du bébé, relié à sa mère de manière vitale, est donc entièrement une conscience d'amour et d'unité. C'est dans ce premier langage, dans lequel Dieu parle, que les Apôtres sont replongés à la Pentecôte : « *Tous les entendent dans leur langue maternelle* ».

L'enfant perçoit une intériorité et aussi une extériorité. C'est pourquoi la prière des parents avec l'enfant est importante dès la vie utérine. L'enfant est sensible à la voix du père, qui ne doit pas hésiter à parler à son enfant, à le bénir à travers le ventre de sa femme, avec une parole audible.

> « Au moment mystérieux où Il insuffle l'âme à l'enfant, **Dieu crée, en quelque sorte, une "ligne directe" avec Lui.** »

Dès la naissance, l'enfant a donc une vie spirituelle. Jésus ne dit-Il pas : *« Laissez venir à moi les petits enfants »* ? Comme les mourants qui n'ont plus de conscience intellectuelle, le bébé ne peut pas encore conceptualiser, mais garde une conscience d'amour du corps. C'est par lui que l'enfant fait l'expérience fondatrice de la rencontre avec Dieu. C'est l'enjeu de la théologie de Jean-Paul II : notre corps est plus conscient, plus intelligent que notre âme. À cet âge, on peut marquer la prière en éteignant la lumière et en allumant une bougie devant une icône, qui pourrait représenter la Sainte Famille. En miroir, l'enfant à côté de son père dans les bras de sa mère pourrait commencer à percevoir qu'il y a une source plus lointaine que l'amour de ses parents dans lequel il baigne : Dieu.

De 3 à 7 ans La conscience de lumière : les fondements de la foi

Avant l'âge de raison, l'enfant se sépare de sa mère et s'aperçoit qu'il vit à l'intérieur d'un réseau. Il va apprendre à se conduire et Dieu doit trouver sa place dans ce large tissu relationnel composé par sa famille et ses proches.

À partir de 3 ans, apparaît son « petit moi » ; l'enfant quitte la communion originelle pour entrer en opposition. C'est le « moi » du péché, encore vu comme désobéissance aux parents. L'enjeu de la première éducation est de resituer ce « moi » à l'intérieur de l'alliance originelle scellée par Dieu avec ses parents.

En grandissant, il a besoin qu'on lui lise l'Ancien Testament : le sacrifice d'Isaac, l'histoire de Caïn et d'Abel, celle de Joseph et de ses frères, etc. Il est passionné par ces récits qui disent les premiers drames des alliances, alors que sa relation à Dieu se noue sous le sceau de l'affectivité. Les sentiments de Joseph qui veut accaparer l'amour du père, ou la colère de Caïn jaloux de son frère, l'habitent. À travers ces problèmes relationnels, familiaux, la peur de l'abandon, il peut apprendre que tout ne se termine pas en drame. Le pardon, la miséricorde et la bénédiction continuent à passer, et le dernier mot est pour la réconciliation. Il faut lui raconter les histoires des Patriarches. Abraham, Isaac et Jacob doivent être comme ses grands-pères ou ses cousins.

Qu'il plonge dans la Bible avec la même passion qu'il le fait pour les contes fantastiques, il y trouvera la clef de tous les enjeux spirituels et affectifs d'une vie de famille ! ›

Décryptage

Il pourra alors nommer ses dragons intérieurs (vol, mensonge, jalousie, etc.) et apprendre à les terrasser.

On peut parler aussi de la Création, d'Adam et Ève, lui dire qu'il est créé par Dieu, à son image. Ces récits des commencements, pourquoi en priver celui qui commence sa vie spirituelle ? Mais il faut surtout parler du Ciel. L'âge de lumière est l'âge privilégié pour parler du paradis. L'enfant perçoit la mort comme un passage au Ciel plus facilement que l'adulte qui s'y heurte comme à un mur. N'est-ce pas lui qui, bien souvent, console les siens lors d'un décès familial : *« Maman, pourquoi pleures-tu ? Grand-mère est au Ciel maintenant, avec Jésus »*.

Entre 3 et 6 ans, on ne peut pas encore parler de spiritualité autonome, mais l'intériorité s'éveille sous le sceau d'une relation d'amour avec Jésus. En classe de CP, on peut parler de l'âme qui vient de Dieu, cette dimension invisible que l'enfant recèle en lui. On peut lui parler de son corps que les autres voient, que les parents peuvent prendre dans leurs bras, mais il existe aussi une relation avec Dieu. Il peut sentir son âme en se recueillant, yeux fermés, et en s'adressant directement à Dieu – c'est l'intuition des « enfants adorateurs ». Il est alors important non pas de lui « parler de Dieu » en général, mais de s'adresser à Jésus, au Père, devant l'enfant.

> « L'enfant expérimente la conscience du péché, apprend à demander pardon. Il ne faut pas hésiter à lui proposer souvent de se confesser. »

De 7 à 12 ans L'âge de raison : le déploiement de l'intériorité

Cet âge ouvre ce qu'on appelle en psychologie la période de latence. Un âge qui se déploie sous le signe de l'harmonie, car Dieu veut y déployer l'intériorité. C'est l'âge de la lumière intérieure qui se prolonge par des connaissances. Le coloriage ne suffit pas, il a besoin d'un catéchisme très nourri avec la vie de Jésus, la chronologie, l'apprentissage par cœur de prières. En 6e, l'enfant doit savoir se servir de la Bible. Au collège, il est stimulé intellectuellement ; il a aussi envie d'être motivé spirituellement. L'enfant expérimente la conscience du péché, apprend à demander pardon. Il ne faut pas hésiter à lui proposer souvent de se confesser.

En famille, on peut respecter un moment de silence lors de la prière, même si elle est encore conduite par les parents. L'enfant peut se confier à Jésus et L'adorer. Jusqu'alors, l'enfant œuvrait essentiellement en fonction de ses parents, désormais le sens du bien et du mal lui parle directement.

En lui demandant comment il se sent après une bonne action ou une confession,

> « L'adolescence est avant tout un événement spirituel. C'est une initiative de Dieu qui bouleverse la conscience de l'enfant, avant d'être un bouleversement hormonal et psychique. »

on l'aide à verbaliser cette « grande lumière » reçue à l'intime de sa conscience. Idem après une mauvaise action : pourquoi se sent-il triste ? La voix de sa conscience lui parle, il sent qu'il a gâché quelque chose. Dans la vie spirituelle peut émerger une vraie vie mystique, de prière. Chez certains enfants, la relation privilégiée avec Jésus est plus qu'une relation amicale, elle devient nuptiale. C'est souvent l'âge où les vocations naissent.

L'enfant doit s'approprier l'Évangile. Les parents peuvent lui lire, ou lui donner à lire, la vie du saint Curé d'Ars. L'enfant prend conscience qu'une partie de lui n'appartient qu'à Dieu. C'est pour cette raison que saint Pie X a recommandé la première communion juste avant l'âge de raison, avant l'éveil de la conscience rationnelle, lorsqu'une conscience théologale et une conscience morale apparaissent. Ce pape a demandé aussi qu'on leur donne accès à la prière et à la confession. L'enfant a un sens moral autonome, on peut le tourner vers cette vie intérieure et il comprend que Jésus y est toujours présent.

De 10 à 13 ans La conscience de vie : le temps des amitiés

L'enfant se développe, c'est l'âge de l'espérance, où Dieu se montre profusion de vie. Dieu appelle au large, tout ne peut pas se vivre en famille. Le jeune a besoin de déborder le cercle familial et scolaire, de sceller des alliances, de développer le sens de la camaraderie, de rencontrer des prêtres, signes d'une paternité plus grande. Il a besoin de grands frères, c'est le génie du scoutisme ou du patronage. Avec des garçons ou des filles plus âgés naît le désir de se faire grandir les uns les autres par le jeu et l'amitié sur des bases spirituelles. En découvrant la fraternité, c'est finalement l'Église qu'il découvre. L'amitié, expérience morale et spirituelle, engage la fidélité, fait grandir. Dans les examens de conscience, on peut lui demander comment il choisit ses amis, lui faire lire la vie de saint Dominique Savio, très parlante. Quelles responsabilités peut-il prendre à l'école, comment se sent-il responsable des autres, comment pense-t-il faire croître les autres ?

À partir de 13 ans La conscience de feu : l'adolescence à la conquête de la vraie liberté

Il est fondamental de dire que l'adolescence est avant tout un événement spirituel. C'est une initiative de Dieu qui bouleverse la conscience de l'enfant, avant d'être un bouleversement hormonal et psychique. L'adolescence est l'âge de feu qui prend le cœur de l'enfant et l'attire vers l'extérieur. D'où les ›

Décryptage

tensions qui existent, même entre Jésus et sa mère. «*Pourquoi me cherchiez-vous? Ne saviez-vous pas qu'il faut que Je m'occupe des affaires de mon Père?*» (*Luc* 2, 49), répond-Il à ses parents, à 12 ans.

L'adolescent apprend qu'il n'est pas fait seulement pour recevoir de l'amour, vivre et se développer tranquillement dans la lumière de Dieu. Le désir de son cœur est plus grand que ce monde trop petit. Il est fait pour aimer, et pour un absolu que le monde ne peut pas donner.

Il a besoin, puisque le feu de Dieu le prend, qu'on ne réduise pas son adolescence à un «âge ingrat». Dieu est à la manette, la sexualité est bonne, le désir d'aimer est bon, et c'est Dieu qui le confronte à la perception des limites. Il a besoin d'un Moïse pour traverser cette mer Rouge, d'expériences spirituelles de feu : il a besoin de la confirmation.

> «L'adolescent entre dans le don de soi **et dépasse les limites de la mort** et de la séparation par des expériences fortes.»

La messe reste une base. S'il récrimine pour y aller, ses parents peuvent lui dire qu'ils se sont engagés le jour de leur mariage et celui de son baptême à prendre cette responsabilité de lui transmettre la foi.

Sur le péché, n'oublions pas de lui donner à méditer ce verset : «*Je ne fais pas le bien que je veux, et je fais le mal que je ne veux pas*» (*Romains* 7, 19). À 10 ans, l'enfant est plus légaliste, un tantinet moralisateur. Après, il est divisé, il connaît des pulsions, il n'est plus unifié. Il faut des lectures intenses, comme l'Apocalypse. La vie apparaît en effet sous un jour quelque peu tragique.

Il y a une tension entre le désir d'absolu – cet élan nouveau – et la conscience de limites irréductibles, de faiblesses, la perception de ruptures provoquées par la mort ou les séparations. C'est le cocktail détonnant, analysé par Freud, entre Éros et Thanatos, l'appel à l'absolu de l'amour et les limites de la mort. La vie paraît à l'adolescent trop étroite pour satisfaire les élans de son cœur.

Pour sortir de cette impasse, l'adolescent a besoin de modèles forts, qui ont eux-mêmes traversé cette étape et ouvert une espérance. Il a besoin d'héroïsme, il faut lui faire lire la vie des martyrs, lui parler de saint Maximilien Kolbe, du bienheureux Pier Georgio Frassati ou de Chiara Luce. Il ne peut pas seulement s'identifier à Johnny Depp, à Violetta ou à Lionel Messi!

Plus important que de vivre, il s'agit d'aimer et de trouver un sens. Le Père Thomas Philippe[2] allait même jusqu'à dire qu'il fallait communier sous les deux espèces, que l'ivresse procurée par le vin avait un sens symbolique fort. L'adolescent se cherche et ne se trouvera pas en se regardant dans la glace, en s'épanchant sur Facebook ou en se mettant en « petit couple ». Il doit sortir de soi par des expériences fortes d'évangélisation, de service aux SDF ou aux personnes handicapées... Il a besoin de se dépasser, d'expérimenter l'ivresse véritable dans la joie de faire don de lui-même ; sinon, il peut se diriger vers de faux paradis comme le sexe ou la drogue.

Une vie chrétienne accomplie n'est pas une vie pour soi, mais une vie faite pour être donnée. Il peut en faire l'expérience en étant scout ou en donnant des cours de catéchisme aux plus jeunes. Il fait ainsi traverser le plus petit sur le chemin qu'il traverse aussi et qui les font grandir tous les deux en même temps. Il est alors dans une position de transmission ; or, l'adulte est celui qui transmet.

Quand on confie à un adolescent une responsabilité, il devient un homme – et arrête de nous embêter avec ses petits problèmes d'adolescent !

Au-delà des ruptures, du deuil de l'enfance et de son paradis rêvé, il entre dans le don de soi et dépasse les limites de la mort et de la séparation par des expériences fortes, de feu. Jésus a transformé l'eau en vin, l'adolescent doit à sa suite expérimenter la sobre ivresse de l'Esprit Saint. ●

(1) Aumônier général du Collège Stanislas (Paris).
(2) Auteur du *Temps des forces vives chez l'adolescent*, (éd. Saint-Paul).

L'Esprit Saint, du baptême à la confirmation

« L'Esprit Saint, explique le Père de Maistre, est reçu par l'enfant au baptême comme un don de vie.
L'adolescent Le reçoit à nouveau à la confirmation pour être apôtre, donateur de vie. Il est envoyé en mission. Au baptême, Jésus dit : « *Viens* » ; à la confirmation, Jésus dit : « *Va* ». La confirmation fait du chrétien un soldat du Christ, habilité à la mission et armé pour le combat spirituel. Il doit donc apprendre à lutter. Il faut lui parler du diable, de l'Esprit Saint comme paraclet, c'est-à-dire comme intercesseur. Quand Jésus dit, à la Cène, « *Je vais vous envoyer un autre paraclet* » (*Jean* 14, 16), Il envoie à la fois le Conseiller pour contrer le Tentateur, le Défenseur contre l'Accusateur et le Consolateur contre le Diviseur. Il faut parler à l'adolescent des armes qu'il possède : la prière, les sacrements vécus de manière renouvelée et des lieux d'engagement. Il faut lui parler du combat spirituel spécifique à chaque sexe. Pour les garçons, il s'agit de conquérir leurs forces ; pour les filles, d'accueillir leur beauté, la grâce unique que Dieu leur a confiée. Avant de devenir donateur de vie, de trouver sa vocation particulière, l'adolescent doit identifier quels sont les dragons de sa vie, ainsi que les directions vers lesquelles Dieu l'appelle « à avancer au large ».

Regard

Éduquer
à l'intériorité

Passionné par la rencontre des plus jeunes avec Dieu, le Père Pierre de Cointet, membre du Studium de la communauté Notre-Dame-de-Vie, explique que l'éducation à l'intériorité renvoie au mystère du cœur profond de l'enfant, *« là où le Maître habite et travaille »*.

Par **Bénédicte Drouin**

Toute éducation est éducation à l'intériorité

L'éducation à l'intériorité semble ne pas être une fin en soi. Ne faut-il pas plutôt parler d'une éducation de la personne « par » l'intériorité ? Ce serait oublier que la personne est destinée à vivre en communion avec Dieu, son Créateur et Père, dans son intériorité la plus profonde ? Dans la lumière de la Révélation chrétienne, éduquer c'est s'adresser à la personne « *temple de l'Esprit Saint* » (1 *Cor* 6,19) qui, par le baptême, « *nous a été donné* » (*Rm* 5,5) et qui « *se joint à notre esprit pour attester que nous sommes enfants de Dieu* » (*Rm* 8,16)…

La période de 4-7 ans est spécialement le temps de l'éducation à l'intériorité

L'enfant est particulièrement capable de nouer une relation avec Dieu caché : il est simple et disponible, vivant naturellement la confiance, par sa pureté et sa pauvreté, il ne met pas d'obstacles entre Dieu et lui, permettant ainsi à Dieu de se communiquer à lui librement ; il est plein de vie et ne calcule pas, laissant jaillir l'élan de son amour filial envers Dieu. Jusqu'à 3 ans, il est entraîné par le mouvement vers Dieu de sa maman ou de son papa : une parole toute simple, une chanson murmurée, un geste à imiter. La période de 4-7 ans est spécialement le temps de l'éducation à l'intériorité : l'enfant peut apprendre à se recueillir en Dieu dans le silence de la foi.

C'est en effet l'âge du premier apprentissage de la maîtrise de soi et des grandes acquisitions initiales : temps adapté pour une première éducation à l'écoute intérieure et à la relation avec Dieu Père, Fils et Esprit. Une telle initiation à la vie intérieure, avec des mots tout simples issus de la Parole de Dieu jette des fondements pour toute la vie. Elle facilite ensuite le déploiement d'une catéchèse structurée et systématique, qui restera centrée sur la prière et l'écoute de la Parole de Dieu, tout en ouvrant progressivement aux différentes dimensions du Mystère chrétien, du temps liturgique et de la vie sacramentelle, de la vie morale et de la vie en Église

Une éducation à l'intériorité est loin de conduire à un repli sur soi narcissique

C'est une conviction de base à avoir. Tout jeune peut faire l'expérience de la vie spirituelle dans la rencontre avec Dieu, dès lors que les conditions sont données : un climat d'accueil du désir de Dieu, d'écoute du cœur, d'émerveillement et de louange, de silence et d'attention...

Une telle éducation à l'intériorité est loin de conduire à un repli sur soi narcissique. Ouvrant le jeune à Dieu et à son Christ, ce temps éminemment libre et personnel l'oriente vers les autres. En communiant au Christ qui transforme son intériorité par la grâce de l'Esprit, la personne reçoit cet amour de charité qui l'envoie vers ses frères pour participer au mystère du Salut. L'intériorité vraie est sociale.

Elle oriente aussi le jeune vers l'avenir, en cultivant cette liberté d'esprit et cette grandeur d'âme qui permettent de dépasser des imperfections, des arrêts, voire des chutes, pourvu que l'élan soit là, bien vivant et bien orienté [(1)]. Car l'éducation à l'intériorité rencontre aussi le mal et la souffrance. Mais, précisément, dans ces moments de combat, elle permet à la personne, au jeune en particulier, de s'orienter vers Dieu pour y puiser la lumière et la force de la conversion, et pour traverser les épreuves de la vie... Éduquer à l'intériorité, c'est aussi éduquer à vivre et agir en étant attentif à la voix de Dieu dans sa conscience...

Laisser agir le Maître

L'éducateur doit en définitive s'effacer pour laisser agir le Maître Intérieur, « *le seul qui, absolument et sans équivoque, mérite le nom de Maître* » [(2)]. Car l'éducation à l'intériorité nous renvoie au mystère du « cœur » de l'homme, avec toute la densité que ce terme prend dans la tradition biblique, synthétisée avec justesse par le *Catéchisme de l'Église catholique* (§ 2563) : « *Le cœur est la demeure où je suis, où j'habite (selon l'expression sémitique ou biblique : où je "descends"). Il est notre centre caché, insaisissable par notre raison et par autrui ; seul l'Esprit de Dieu peut le sonder et le connaître. Il est le lieu de la décision, au plus profond de nos tendances psychiques. Il est le lieu de la vérité, là où nous choisissons la vie ou la mort. Il est le lieu de la rencontre, puisqu'à l'image de Dieu, nous vivons en relation : il est le lieu de l'Alliance.* »

Publié dans *Carmel*, sept. 2007, n° 125, p. 43-49.

(1) *Je veux voir Dieu*, Père Marie-Eugène de l'Enfant-Jésus, Éd. du Carmel, p 160-167.

(2) *L'Esprit de l'éducation*, Marguerite Léna, Éd. Parole et Silence.

Enquête

Saints enfants : nos aînés dans la foi

L'Église commence à reconnaître la sainteté des enfants non martyrs. Prophètes d'aujourd'hui, Anne de Guigné (19011-1922) et Antonietta Meo (1930-1937) – la plus jeune vénérable de l'histoire de l'Église – nous rappellent que pour entrer au Royaume de Dieu, il nous faut redevenir comme elles : généreux en charité et héroïques dans la pratique des vertus. Un message urgent et toujours actuel.

Par **Maryvonne Gasse**

La sainteté n'est pas réservée aux adultes. Dans *Tertio millennio adveniente*, Jean-Paul II souligne qu'au « *catalogue des saints et des bienheureux de l'Église, ont été inscrits non seulement ceux qui ont versé leur sang pour le Christ mais aussi des enfants* ». Une nouveauté dans l'Église puisque jusqu'en l'an 2000, le plus jeune des saints non martyrs était Dominique Savio, mort à 15 ans.

Mais c'est aussi un signe à décoder pour ce IIIe millénaire qui malmène souvent sa jeunesse. « *Les exemples des vertus héroïques*

> « Il est nécessaire de trouver cette docilité à l'action du Saint-Esprit, **cette ouverture attentive aux appels de Dieu,** pour se laisser conduire et transformer. »

chez les jeunes sont plus efficaces et plus convaincants pour les jeunes du même âge », explique feu le Père Thierry Lelièvre, auteur d'une thèse en droit canonique sur le sujet. Ce prêtre a perçu très tôt l'importance de donner des petits amis du Ciel aux jeunes têtes blondes, rousses et brunes de la Terre.

Le 13 mai 2000, Jean-Paul II a béatifié deux des trois petits voyants de Fatima (Portugal), morts respectivement à l'âge de 11 et 10 ans, Francisco (1908-1919) et Jacinta (1910-1920), après avoir reconnu solennellement l'héroïcité de leurs vertus et l'obtention d'un miracle par leur intercession.

D'autres enfants de moins de 10 ans sont reconnus vénérables : Anne de Guigné (1911-1922) le 3 mars 1990, et Antonietta Meo (1930-1937) le 17 décembre 2007. À ce jour, Anne de Guigné est la seule Française, et Antonietta Meo la plus jeune parmi ceux qui sont déclarés vénérables : après avoir subi l'amputation de sa jambe gauche, elle décède d'un cancer à 6 ans et demi, dans des souffrances offertes « héroïquement » pour les pécheurs. Deux miracles suivront sa mort.

Car les enfants sont capables d'une authentique héroïcité des vertus, mais « d'une héroïcité proportionnelle », précise le Père Lelièvre. *On ne va pas demander à un enfant ce que l'on demande à un moine ou à un père de famille* ». Simple principe de bon sens, sans pour autant revoir au rabais la sainteté des enfants. Mais sans attendre non plus qu'ils se lèvent la nuit pour prier comme les religieux ou bien qu'ils s'engagent dans des actions éclatantes !

Pour attester de leur sainteté, « *il est nécessaire de trouver cette docilité, cette disponibilité à l'action du Saint-Esprit, cette ouverture attentive aux appels de Dieu, pour se laisser conduire et transformer, cette volonté de collaborer avec l'Esprit Saint* », souligne le théologien, qui relève des constantes chez ces enfants : la fidélité à la prière, la promptitude à obéir, la patience dans la souffrance, le désir de vie consacrée, l'esprit de sacrifice pour sauver les pécheurs.

« Cher Jésus, je communierai pour ceux qui s'appellent "sans-Dieu" »

« *Cher Dieu Père, Maman m'a dit que demain il y a une réunion et beaucoup de gens veulent s'appeler "sans-Dieu". Quel nom moche ! Il y a ceux qui ne veulent pas de Dieu. Fais qu'ils se convertissent et envoie-leur ta grâce. Cher Jésus, demain je communierai en réparation de tous ces péchés et pour ceux qui s'appellent "sans-Dieu"* », dicte Antonietta Meo à sa mère, qu'elle associe

à son offrande. *« Il y a bien des joies sur la Terre, mais elles ne durent pas. Celle qui dure, c'est d'avoir fait un sacrifice »*, confie Anne de Guigné avec une maturité spirituelle étonnante. *« Il faut sauver notre âme, elle retournera à Dieu son Créateur. Notre corps vient de la terre, mais notre âme vient de Dieu »*, insiste-t-elle encore, forte d'une science plus infuse qu'acquise. *« Cher Esprit Saint, illumine-moi et sanctifie-moi. Quand Tu viendras dans mon cœur, remplis-moi de tes sept dons et de ton amour ; je veux Te faire toujours plaisir, Toi qui es l'amour du Père et du Fils, sanctifie-moi et aide-moi dans toutes mes souffrances, je T'embrasse »* : de la pure théologie trinitaire, ramassée en quelques lignes de foi et de feu par Antonietta, le 25 mars 1937.

« Il n'y a pas d'âge pour l'héroïcité ! »

Mais avant l'âge pubère, la liberté s'est-elle vraiment exercée ? se demanderont les détracteurs de la cause. Ces enfants ont-ils déjà résisté à des tentations impérieuses ? *« À tout âge, il est difficile d'être saint. Il n'y a pas d'âge pour l'héroïcité »*, répond le Père Lelièvre, en précisant toutefois *« Combien est grande l'importance du milieu éducatif, et parfois, mais pas toujours, déterminante, surtout au cours des premières années de l'enfance. Mais jamais absolue ni définitive »*. En effet, pour que la grâce donne le cent pour un, la graine doit tomber dans une bonne terre, bêchée, arrosée, désherbée. C'est tout l'art de l'éducation, qui revient en priorité aux parents.

Et de fait, on remarque que ces enfants naissent et grandissent dans des milieux pétris par la foi. Une petite biographie d'Antonietta Meo relève que *« Dieu l'a fait naître dans une terre sainte, dans une famille où on respirait la présence de Dieu et où l'amour des parents laissait transparaître l'amour de Dieu »*. Du côté d'Anne de Guigné, c'est toute une vieille tradition familiale qui la baigne. Peu de temps avant de tomber au combat, le 22 juillet 1915, son père écrit sur une carte militaire : *« Je bénis Anne, Jacques, Magdeleine et Marie-Antoinette »*. C'est le dernier message du capitaine de Guigné à ses enfants.

Si l'exemple des parents, leur prière et leurs conseils forment le meilleur écrin pour sanctifier leurs enfants, c'est encore insuffisant. Ce serait méconnaître la puissance de la grâce sacramentelle. Car le baptême

> « Dieu l'a fait naître dans une terre sainte, dans une famille où l'amour des parents **laissait transparaître** l'amour de Dieu. »

a besoin d'être nourri par l'eucharistie, le sacrement du pardon et celui de la confirmation. *« Lorsque les enfants commencent à avoir quelque usage de la raison, de manière à pouvoir concevoir de la dévotion pour ce sacrement [l'eucharistie], alors on peut le leur administrer »*, estime saint Thomas d'Aquin (*Somme théologique III a Q. 80, art. 9*). Une citation reprise par Pie X dans le décret *Quam singulari*, qu'il promulgue le 8 août 1910 pour ouvrir aux petits enfants l'accès à l'eucharistie : *« Il y aura des saints parmi les enfants »*, prédit le saint pape.

Encore fallait-il les inviter à la Table eucharistique. *« Ce n'est pas une connaissance parfaite des choses de la foi qui est requise, puisqu'une connaissance élémentaire suffit,* poursuit le pontife. *Les garçons et les fillettes doivent être admis à la Sainte Table lorsqu'ils ont atteint l'âge de discrétion, c'est-à-dire lorsqu'ils ont l'usage de la raison. »*

Ainsi, dès l'âge de 4 ans, Antonietta Meo exprime son désir de communion : *« Jésus, viens vite dans mon cœur que je puisse Te serrer et T'embrasser très fort ; Jésus, je veux que Tu restes dans mon cœur pour toujours »*, confie-t-elle au Christ pour être admise à sa première communion. Et Madame de Guigné témoigne qu'Anne, à partir de sa première communion, gravit l'échelle de la perfection dans *« une ascension régulière et ininterrompue »*. Ce qui ne semble pas si rare selon l'enquête du Père Lelièvre : *« De saints désirs naissent le jour de la première communion et sont fortifiés par une vie eucharistique continuée »*.

> « De saints désirs naissent le jour de la première communion et sont fortifiés par une vie eucharistique continuée. »

« Il faut demander la grâce à Dieu pour soi et pour les enfants »

Mais une autre difficulté persiste : une forme de pélagianisme, qui voudrait que l'on se sanctifie à la force du poignet et par sa volonté propre, plus que par grâce. Autrement dit : le primat de l'homme sur Dieu. *« En France, on critique durement la communion précoce que nous avons décrétée »*, déplorait déjà Pie X au début du XXe siècle. Tout en prophétisant : *« Mais nous disons que grâce à elle il y aura des saints parmi les enfants, et vous le verrez »*. *« Il faut demander la grâce à Dieu pour soi et pour les enfants, si l'on veut que les enfants soient des saints »*, conseille dom Guilmard, moine de Solesmes, vice-président de l'association Enfance et sainteté. *« Par la bouche des enfants et de ceux qui sont à la mamelle, Seigneur, tu t'es préparé une louange » (Psaume 8, 3)*.

Un siècle après la promulgation de *Quam singulari* et la naissance de la vénérable Anne de Guigné – simple coïncidence de dates ou cohérence providentielle ? –, il semble que l'heure est à la reconnaissance de la sainteté des enfants. Comment y participer ? En leur demandant un miracle. Et si la prière est exaucée, en le signalant.

Question d'enfant

Comment savoir si c'est vraiment Jésus qui parle à mon cœur?

Une question de Laurent, 8 ans.

Quand tu pries, si tu veux être sûr que ce n'est pas toi qui te parles tout seul, ouvre l'Évangile. C'est là que tu trouveras les paroles de Jésus. Il faut les lire, les relire, s'en imprégner, les méditer et prier. Ne crois pas que, parce qu'elles sont adressées à tous les hommes, elles ne te concernent pas. Que non! Jésus te parle à toi, Laurent, par son Évangile. Il te dit comment vivre, comment aimer, comment orienter ta vie. Si tu lis l'Évangile, là oui, tu seras sûr que ce n'est pas toi qui divagues!

Jésus se sert aussi de ton intelligence pour te guider. Parfois, tu as l'impression que tu as eu une idée tout seul, mais peut-être est-ce l'Esprit Saint qui te l'a soufflée... L'Esprit Saint, c'est un peu le messager de Jésus. Comment reconnaître une idée qui vient de Lui? En regardant si c'est une bonne idée! Tu peux te poser quelques questions: est-ce que cette idée (ou cette pensée) met mon cœur en paix? Est-ce qu'elle m'aide à mieux aimer? Est-ce qu'elle me paraît conforme à la vérité, à la justice? Si tu peux répondre "oui" à ces questions, l'Esprit Saint n'est certainement pas très loin!

En revanche, tu peux être sûr qu'une idée ne vient pas de Jésus (et de son Esprit) lorsqu'elle t'isole des autres: par exemple, si ta prière te donne l'impression d'avoir raison contre tout le monde, si elle te suggère de rompre un engagement antérieur, ou si tu comprends l'Évangile d'une manière qui contredit ce que dit l'Église.

Dans tous les cas, n'hésite pas à demander son avis à un prêtre. Il saura te guider et t'aider à discerner ce qui vient de Jésus et ce qui vient de toi.

C'est précieux!

Juliette Levivier

Entretien

ENFANCE ET SAINTETÉ

L'adoration, chemin de sainteté ?

Mettre des enfants devant le Saint-Sacrement, un moyen d'éveiller leur intériorité et de marcher vers la sainteté. Entretien avec Anne Alméras, mère de sept enfants, cofondatrice et modératrice de l'association Enfance et Sainteté qui organise des colloques et favorise la création de groupes d'enfants adorateurs. Anne Alméras initie les enfants à l'adoration et anime des groupes depuis plus de vingt-cinq ans.

Propos recueillis par **Florence Brière-Loth**

Entretien

Pourquoi vous être lancée dans l'initiation à l'adoration chez les enfants ?

… À cause de l'importance capitale de ce cœur à cœur avec Jésus, que je voulais leur faire découvrir. Et parce que créer des groupes d'enfants adorateurs c'est ce que veut Jésus : Il a soif des âmes des petits enfants. Je crois que le tissu chrétien se refera par capillarité. *« Les paroisses seront renouvelées par des adorateurs »,* disait le Père Thomas Philippe.

Depuis vingt-cinq ans que je pratique l'adoration eucharistique avec les enfants, je suis frappée de ce que Jésus veut se donner d'autant plus que l'enfant est demandeur, sans doute à cause de l'agitation qui règne dans notre monde. *« L'adoration, ça me repose,* a dit une petite fille d'un de mes groupes, *on est bien ! »* L'éducation à l'intériorité passe par des choses très simples et pas forcément originales !

Mais les enfants ne sont-ils pas trop jeunes pour adorer ?

Venir tous les lundis soir après l'école, peut paraître un vrai défi quand on pense qu'il faut enchaîner ensuite les bains, les devoirs, le dîner… mais les enfants reviennent toujours avec joie. Ils sont très fidèles. Les enfants sont des êtres spirituels à part entière et même de façon privilégiée à cause de leur simplicité. Jésus nous dit : *« Laissez venir à moi les petits enfants »*, et nous ne lui amènerions pas ? Même les petits peuvent être canonisés, on l'a vu plusieurs fois dans l'Histoire de l'Église.

L'enfant est capable de Dieu, dit-on souvent…

Il a les dons du Saint-Esprit en plénitude. Anne de Guigné, aujourd'hui déclarée Vénérable, n'a pas eu d'apparitions, elle n'est pas morte martyre, mais elle a vécu des dons du Saint-Esprit. L'enfant a une disposition à être mystique, il se donne totalement dans un élan gratuit, dans la pureté du cœur. Comme nous le ferons au Ciel, dans la vision béatifique. Un jour, un petit m'a dit : *« Nous sommes faits pour connaître et aimer Dieu ».* Il l'avait trouvé tout seul. Dieu travaille ces jeunes âmes qui peuvent devenir missionnaires, religieuses, éducateurs, de grands saints. Personnellement, je suis toujours émerveillée, à l'adoration, de ces regards d'enfants vers Jésus et chaque fois, je touche le Ciel.

« Les enfants sont des êtres spirituels à part entière et même de façon privilégiée à cause de leur simplicité. »

Quel âge ont ces enfants adorateurs ?

J'accueille toute la famille, du bébé à l'âge de 15 ans environ, et je m'adapte au groupe. Tous les âges sont représentés et j'ai l'audace de mettre les bébés devant le Saint-Sacrement pour une présence gratuite, un face-à-face. Il n'existe pas encore de conscience d'adoration chez le petit mais on touche le plus important, la mémoire du cœur. Tout ce qui imprègne le petit, demeure pour la vie entière. Il se souvient plus tard et il revient. Je l'ai expérimenté avec des personnes âgées qui perdaient un peu la tête : quand je récitais avec elles un « Je Vous salue », les mots leur revenaient et elles pleuraient, leur cœur se souvenait.

Combien de temps dure une adoration ?

Le temps d'adoration est variable, parfois trois quarts d'heure, parfois une heure. Je m'adapte aux enfants qui sont là et j'anime la séance selon leur réceptivité. Parfois, je glisse un petit chant, une phrase. Il faut beaucoup de souplesse. Pour les plus grands, le face-à-face dure facilement une heure et ils ne veulent plus partir, ils en redemandent. Ils viennent durant une année au moins car il faut apprendre à l'enfant à être persévérant et fidèle à ce rendez-vous avec Jésus.

L'adoration est-elle différente quand un enfant a fait sa première communion ?

Cela ne change pas leur façon d'adorer.

> « Il n'existe pas encore de conscience d'adoration chez le petit **mais on touche le plus important, la mémoire du cœur.** »

Parfois, je sens qu'un enfant est prêt à communier et je le dis à la maman. L'adoration les y prépare. Je leur dis souvent : *« Plus tu seras devant Jésus, plus tu auras faim de lui »*. Je les dispose à communier en leur apprenant à dire oui dans l'obéissance comme l'a fait Marie. Oui commence par un « o », comme obéissance.

Une éducation chrétienne est-elle nécessaire pour venir adorer ?

J'accueille des enfants de familles non chrétiennes et certains enfants parviennent à amener leurs mamans. Elles sont touchées par leurs petits : ils les éduquent à l'adoration. Mais souvent, le manque de persévérance vient des parents. Leur exemple est capital. Ils font souvent faire beaucoup d'activités à leurs enfants et il ne reste plus de place pour la formation religieuse dans leur emploi du temps. Ils ne voient pas que là est l'essentiel de leur vie. C'est pour cela que je catéchise les mamans. ›

Entretien

De quelle façon ?

Je réunis des petits groupes de femmes, que j'appelle « Les Sentinelles de l'invisible ». Je les aide à comprendre leur vocation, à aimer leur vie cachée, comme l'a vécue la Sainte Vierge, pour qu'elles puissent être éducatrices. *« Transmettre la foi avec enthousiasme est une profession d'avenir pour la femme »,* affirmait Édith Stein. Je leur parle de la nécessité de la douceur car si l'enfant la sent chez sa maman, il apprendra l'intériorité. Ce n'est pas l'éducation à la baguette qui forme le cœur, l'enfant doit être respecté dans son rythme. *« Apprenez de moi que je suis doux et humble de cœur » (Mt 11, 29).* Tout l'enseignement de Jésus est là. Quand son mari est mort, Madame de Guigné a dit à sa fille Anne, une enfant de 6 ans, insupportable : *« Si tu veux me consoler, il faut être bonne ».* La mort de son père a été le détonateur de sa sainteté. Souvent je réalise que même les femmes chrétiennes désirent la joie mais pas la croix. La souffrance fait partie de la vie et quand elle se présente, il s'agit de la vivre chrétiennement.

Comment se déroule ce temps d'adoration ?

L'initiation est nécessaire. On ne peut pas mettre les enfants devant le Saint-Sacrement sans préparation. En général, ils jouent un peu devant l'église en arrivant, durant cinq à dix minutes, puis ils entrent dans la chapelle avec un petit chant simple qui dispose les cœurs car ils peuvent être un peu agités après l'école. On lit un passage de l'Évangile. Ensuite, je leur parle. La Sainte Vierge, quand elle apparaît dit toujours la même chose, alors je répète : *« On met ses mains sur son cœur car nous sommes le temple de l'Esprit ».* Je veux leur apprendre à vivre une intimité avec les trois personnes de la Sainte Trinité ; il est bon que dès l'enfance, ils soient imprégnés de ce vocabulaire. Ensuite, on fait un silence, nécessaire pour adorer Jésus car Dieu en personne va être présent. Puis je leur demande de dire des petits secrets d'amour à Jésus dans leur cœur, comme pour un câlin. Je leur redis la phrase de sainte Thérèse de l'Enfant-Jésus : *« Je veux que mon coeur soit comme un petit oreiller où Jésus puisse reposer sa tête ».* Une fois que le Saint-Sacrement est exposé, je leur demande qui veut être l'oreiller de Jésus. Ils lèvent tous la main. Notre cœur est là aussi pour que Jésus se repose un peu. Ensuite, le silence est céleste. Il ne se passe rien, ils aiment et l'emprise de Jésus se fait. *« Je ne lui dis rien,* disait sainte Thérèse, *je l'aime. »*

Quelle posture adopter pour favoriser l'adoration ?

L'adoration apprend à l'enfant la maîtrise de son corps. Je leur fais joindre les mains et se prosterner. Les grands ont pris le pli et les petits les regardent et les imitent. Devant le Saint-Sacrement, ils comprennent que notre corps est aussi fait pour prier. Dans cette position, ils

> «Les enfants ont besoin de modèles, et de modèles de leur âge. Si les saints sont des adultes, ils pensent qu'ils ne pourront jamais les imiter.»

réalisent de l'intérieur que c'est ainsi qu'ils sont le mieux. Je leur demande ensuite de fixer les yeux sur Jésus, de se laisser saisir par sa présence et que leur cœur soit tout réceptif car Il va leur donner une surabondance de grâces. Certains restent prosternés. L'un d'eux m'a dit: *«Quand je suis prosterné, je prie mieux»*.

Restent-ils en silence tout le temps de l'adoration?

Non, je dis une petite phrase de temps à autre: *«Demandons à Jésus de Lui ressembler»* ou bien *«Demandons-Lui de nous aider à nous vider de nous-même pour mieux L'accueillir»*. Je raconte souvent une anecdote de la vie d'un saint et je mets l'accent sur la joie et l'obéissance qui font la sainteté d'un enfant. Ils aiment les histoires de saints. Je les vois bouche bée, émerveillés devant la grandeur de Dieu.

Les enfants ont besoin de modèles, et de modèles de leur âge! Si les saints sont des adultes, ils pensent qu'ils ne pourront jamais les imiter ni faire aussi bien qu'eux. Je leur parle d'Antonietta Meo, morte à 6 ans, et Vénérable, qui aimait communier souvent, de Nellie Organ, une jeune irlandaise, déclarée Servante de Dieu, qui disait: *«Je veux recevoir le Dieu saint»*.

Puis nous prions le chapelet car on ne peut pas aller à Jésus sans Marie: Elle nous montre sans cesse son Fils. Quand on tient le chapelet, c'est comme si on donnait la main à la Sainte Vierge. Je propose toujours d'embrasser la croix du chapelet, comme à l'Île-Bouchard. Pour un enfant, ce geste n'est pas anodin et le marque. Quand on a appris à aimer la croix, on apprend à porter nos croix quotidiennes.

Souvent les enfants bougent et sont distraits…

On peut avoir des bébés qui pleurent ou des enfants qui bougent mais Jésus est très content comme cela, ça ne l'ennuie pas. Il ne faut pas être rigide avec les enfants et je ne fais pas attention. Il faut qu'ils sentent que Jésus est le Bien-aimé de leur cœur. Nous ne sommes pas dans la comptabilité mais dans l'amour: une minute d'adoration suffit à Le rencontrer. Cette expérience mystique vécue enfant, met une empreinte d'amour dans leur cœur et les guidera toute leur vie.

«Si un enfant prie, disait Benoît XVI, *il pourra connaître sa vocation.»* Pour pouvoir bien transmettre, il n'est pas nécessaire de faire de grandes études; bien sûr, s'appuyer sur la Parole de Dieu, se former, est incontournable mais initier l'enfant à cette vie mystique demande surtout de prier soi-même. Il faut d'abord être une âme de prière. L'enfant sait tout de suite si l'on prie ou non.

7 conseils pour développer l'intériorité de l'enfant

Très vite, l'enfant préfère jouer et avoue qu'il n'a pas envie d'aller à la messe... Rien de plus normal ! Ce n'est pas une raison pour croire qu'il n'a pas de goût pour Dieu ni pour la prière.

Par **Sœur Marie-Benoît**

1 L'enfant a soif de Dieu

En êtes-vous convaincu ? Surtout s'il est baptisé et marqué par la vie de la grâce : impossible qu'il ne soit pas travaillé par l'Esprit Saint ! Même si, à certains moments, vous ne voyez qu'une pile électrique ou un tyran qui martyrise ses frères et sœurs... Certains petits sont très réceptifs, d'autres arrivent à reculons au coin prière. Rien de plus normal. Nous ne faisons que préparer le terrain ; c'est le Seigneur qui œuvre au temps opportun. Avec votre conjoint, si c'est possible, sollicitez régulièrement les lumières de l'Esprit Saint.

2 Développez cette vie spirituelle régulièrement

Mieux vaut trois repas équilibrés par jours qu'un festin indigeste par semaine ? Idem pour les temps de prière. Ils gagneront à être courts et réguliers, l'enfant sera plus disponible. Bien sûr, vous le guiderez, mais regardez, écoutez ses réactions pour vous adapter à sa personnalité : un enfant auditif et un enfant visuel ne prient pas de la même façon, adaptez-vous à leur croissance : le langage diffère selon les âges… D'où la difficulté de la prière en famille quand les âges de la fratrie s'étalent, mais vous pouvez toujours introduire les suggestions des ados ou leur laisser prendre en main tel ou tel temps de prière. Enfin, la vie spirituelle est liée à la vie affective ; plus l'enfant se sentira écouté, aimé, rassuré, plus il pourra s'ouvrir à l'Amour.

3 Faites-lui découvrir qu'il y a de multiples façons de rencontrer Dieu

L'enfant a besoin de repères et de rituels, mais il aime aussi la variété, la nouveauté : prière à deux dans sa chambre (au fait, a-t-il son coin prière ?), récitation d'une dizaine de *Je vous salue Marie* sur le trajet de l'école, visite au Saint-Sacrement en passant dans un oratoire, lecture d'un psaume au cours d'une promenade pour louer le Créateur, retraite avec un mouvement où il retrouve des amis…

4 Initiez-le à la prière silencieuse

Bien sûr, il a besoin d'être guidé : « *Je fais silence, je ferme mes yeux, je rejoins Dieu présent au plus profond de mon cœur, je Lui parle, je L'écoute…* ». Ne prévoyez au départ qu'une ou deux minutes dans un coin prière avec, par exemple, une bougie allumée (pour rappeler que Dieu est lumière). Ainsi, vous l'initierez à l'oraison, cette prière qui invite au cœur à cœur avec Dieu réellement présent. Quelques versets d'un psaume ou de l'Évangile aident à se mettre et à vivre en présence de Dieu. La Bible a-t-elle chez vous une place de choix ou bien est-elle encore dans les cartons de votre dernier déménagement ?

5 Aiguisez la finesse de son âme

Favorisez d'abord l'action de grâce. Les enfants sont sensibles au gratuit, au bon, au beau et le voient facilement comme don de Dieu. L'examen de conscience est aussi une formidable démarche. Les enfants, qui ont le sens de la justice, y sont réceptifs. Autre atout de cette relecture : l'apprentissage de la demande de pardon, à Dieu, à l'autre. « *Qu'est-ce qui a été moins bon, raté aujourd'hui ? En quoi ai-je pu faire de la peine ? Comment puis-je réparer ?* » La reconnaissance de ses manquements est aussi une belle occasion de parler régulièrement de la miséricorde du Père, d'initier les plus grands au sacrement de réconciliation.

6 Donnez-lui le goût de l'adoration

Si, si, essayez ! Préparez-le régulièrement à cette visite si ce n'est pas déjà fait. Qu'est-ce qui se passe quand on est là, en silence, devant l'ostensoir ou devant le tabernacle ? Qu'est-ce qu'on peut dire à Jésus aujourd'hui ? Pour qui peux-tu intercéder particulièrement ? L'enfant est heureux de prier pour ceux qu'il aime ou pour une intention qui le touche. Placez-vous dans les premiers rangs et, là encore, pas la peine de rester trop longtemps si « *ça mord difficilement* ».

7 Développez des amitiés avec des prêtres ou des religieuses

Un consacré chaleureux marque un enfant. Il sera sensible à cet homme ou cette femme qui contribuera à lui donner le goût de Dieu.

*« Plus les enfants sont jeunes,
plus ils sont aptes à percevoir
de grandes choses ; seul ce qui est grand
et essentiel les satisfait. »*

SOFIA CAVALLETTI.
(Le Potentiel religieux de l'enfant)

PLUS CONCRÈTEMENT DANS LA VIE FAMILIALE

Difficile d'espérer enrichir la vie intérieure de nos enfants si nous-mêmes ne prenons pas soin de la nôtre. Plus nous serons unifiés et enracinés, plus nous trouverons les moyens d'accompagner chacun là où il en est.

Repères

6 clés pour trouver le silence intérieur

Madeleine Delbrêl (1904-1964) a vécu l'Évangile dans sa radicalité au cœur d'un milieu très déchristianisé à Ivry-sur-Seine. Sa vie témoigne de manière prophétique qu'aucun acte éducatif ou missionnaire n'est possible sans une intense vie intérieure. À sa suite, c'est aussi ce à quoi nous invite le Père Olivier Lebouteux, du diocèse de Nanterre, responsable de la Maison Madeleine-Delbrêl, offrant aux jeunes pré-séminaristes une année de vie spirituelle et de discernement.

Par **Luc Adrian**

1 Savoir se taire

Si nos journées sont saturées de bruit, nous en sommes souvent les premiers responsables. Ce sont en effet nos vaines paroles ou nos conversations futiles qui nuisent le plus au silence. C'est pourquoi Madeleine nous met en garde : « *Étant donné le contre-évangile que peuvent être certaines de nos paroles, je ne crois pas qu'on puisse chercher sérieusement le silence sans travailler avec acharnement et lucidité à évincer de nos habitudes les paroles inutiles* ».

Comme le dit avec humour le personnage du moine Alcide imaginé par Madeleine Delbrêl : « *Préfère le silence pour tes frères au don de ta parole (un jour où il avait beaucoup de petites histoires à raconter)* ».

L'éloquence elle-même peut constituer un piège redoutable si elle devient un moyen pour nous mettre en valeur : « *Le premier degré de la mystique échelle du silence, c'est d'éviter de s'écouter parler* ».

2 Découvrir le silence là où nous sommes

Plongés malgré nous dans un environnement bruyant, nous ne devons toutefois pas renoncer à trouver le chemin du silence au plus profond de nous-mêmes. Madeleine utilise pour cela l'image du forage qui va chercher l'eau sous la surface de la terre comme nous devons aller chercher le silence au plus profond de nous-mêmes.

Voilà pourquoi en tout lieu, nous pouvons avoir accès à cette source : « *Il s'agit alors de saisir les occasions de revenir à l'intériorité et au recueillement, car dans la vie séculière, on ne peut pas faire faire silence aux gens et aux choses qui nous entourent. Aussi, si nous attendons le silence pour prier, nous risquerons de prier rarement ; ou bien, si nous prions, ce ne sera pas dans la part du monde la plus dépourvue de prière, celle des grandes villes, où le travail comme le plaisir s'unissent contre le silence* ».

3 Laisser Dieu parler

Le silence est essentiellement présence à Dieu. Si Dieu est partout, Il ne cesse de s'adresser à nous dans les diverses circonstances de la vie. « *Faire silence, c'est écouter Dieu partout où Il parle, depuis ceux en qui Il parle dans l'Église, jusqu'à ceux pour qui le Christ s'est identifié d'une autre manière et qui nous demandent ou la lumière, ou notre cœur, ou du pain.* »

Nous devons alors veiller, dans toutes nos activités, à rester dans cette attention à ce que Dieu veut nous dire. Nos paroles elles-mêmes doivent respecter cette écoute, comme Madeleine le suggère à Alcide : « *Ne dis que ce qui ne fait pas taire Dieu (Alcide un jour où il avait besoin de détente)* ».

Avec le sens de la formule qui la caractérise, Madeleine nous enseigne que « *la base du silence, pour nous, pourrait être une phrase d'allure bien séculière peut-être : "On ne coupe pas la parole à Dieu"* ».

4 Privilégier la charité

Certaines formes de mutisme ne peuvent être considérées comme le silence véritable. Nous pouvons faire l'expérience d'un silence qui enferme et exclut. Voilà pourquoi on ne peut séparer silence et charité : *« Le silence qui t'empêche d'être bon est mauvais »*.

***« Il peut y avoir plus de silence** dans une conversation imposée que dans une paisible rêverie. »* Les échanges que nous pouvons avoir au cours d'une journée ne sont pas nécessairement d'une haute volée spirituelle, mais s'ils sont une occasion de s'intéresser à ceux qui nous entourent, alors ils ont leur raison d'être, en effet : *« Si un sujet de conversation n'est pas intéressant, celui qui en parle l'est toujours : la charité, la vraie charité doit toujours passer avant le silence »*. Il faut bien prendre conscience que *« ce sont les paroles prononcées par nous et opposées à l'Évangile qui, en premier, détruisent le silence »*.

5 Murmurer des mots d'amour

En associant étroitement silence et amour, Madeleine nous invite à utiliser notre affectivité pour retrouver cette intimité avec Dieu dans le silence en toutes circonstances.

Elle utilise pour cela l'image d'une mère qui murmure des paroles à son petit enfant dans l'agitation de la ville. Elle emploie aussi cette image suggestive des amoureux qui *« trouvent le moyen de se parler à voix basse dans un vacarme, alors que lorsqu'il arrive à l'un d'être moins amoureux, il dit à l'autre, dans la pièce où ils sont seuls : "Je n'ai pas entendu ce que tu disais, je pensais à autre chose" ; nous pouvons espérer que notre affectif pourra nous aider à faire ce silence de la vie »*. Nous sommes ainsi conviés à murmurer à Dieu des mots d'amour qui nous mettent en sa présence et nous conduisent en son intimité.

6 Prendre des temps de silence véritable

Dans notre monde bruyant, le silence devient parfois un véritable luxe, *« mais quand nous avons la possibilité de faire vraiment silence, nous ne devons pas passer à côté, car sans pauses de vrai silence, très vite on ne sait plus ce que c'est »*.

Profiter d'un temps de retraite ou bien se lever plus tôt le matin peut nous faire goûter ce trésor précieux, car *« une demi-heure de silence total nous explique mieux le silence que plusieurs heures émaillées de paroles. Nous avons besoin de ces leçons, car le silence collectif disparaît de plus en plus »*.

Pour finir, Madeleine nous propose une suggestion toute simple pour entrer chaque jour dans le silence : *« La minute de silence où, quelquefois, les hommes se rassemblent dans une même pensée, pourrait être inaugurée par nous pour jalonner nos journées »*.

Les âges de l'intériorité

La vie intérieure d'un enfant ne se développe pas par hasard ou par chance. Tout au long de sa croissance, la présence des parents influe sur celle-ci. Pour vous aider, voici quelques pistes et propositions.

Par **Bénédicte Drouin.**

Dès la grossesse

Dommage d'attendre la naissance pour parler à ce petit bout. Dès le début, les conversations spontanées et régulières des parents permettent de créer et de renforcer les liens.

Profiter des temps de détente pour dialoguer avec bébé: caresses et mouvements doux permettent une communication plus tactile: l'haptonomie y aide. La parole, le chant à deux voix ont aussi toute leur place. Les registres du père et de la mère ne sont pas les mêmes et se complètent. Bébé les reconnaît.

La maman peut écouter régulièrement des musiques qu'elle aime et être attentive aux réactions du tout-petit.

Côté spi :

Non seulement prier pour lui mais avec lui, spontanément ou lors de messes, de temps de prière plus personnels.

Conseils

> Au cours des premiers mois

Prendre le temps chaque jour de conversations, de jeux, de câlins. Ils font partie du carburant de la croissance de l'enfant, tout comme le sommeil et la nourriture.

Veiller à alterner ses siestes avec des moments d'éveil, de stimulations (chants, écoute de musiques, massages, jeux, manipulations...) mais aussi de repos.
Une mode venue d'Amérique du Nord a incité les parents à surstimuler les bébés. Les plages de calme où il sera un peu à l'écart de l'agitation (dans un coin de la pièce sur un transat, dans un parc ou dans son lit) sont précieuses pour qu'il puisse se retrouver, se reposer, « digérer » ce qu'il a découvert.

Côté spi :

Le faire participer à la prière familiale de temps à autre, particulièrement après son baptême qui fait de lui un enfant de Dieu à part entière. Pour l'éveil de la foi des tout-petits, rituels, chants et gestes simples suffisent. Envoyer un baiser au crucifix, dire au revoir à Marie en lui demandant sa protection, chanter un chant en ouvrant ses mains. Pas besoin que ce soit long... Certains soirs, les plus grands peuvent aussi venir faire la prière près du berceau face à la croix ou à la Vierge qui le surmonte.

À partir de 2 ou 3 ans

Par tous les sens apprendre à sentir, à identifier le beau, le bien dans la nature et autour de soi : sentir l'odeur d'une fleur, écouter la beauté d'une nouvelle musique, la douceur du pelage d'un animal, regarder la beauté d'un vitrail. Les écrans ne sont vraiment pas nécessaires à cet âge.

Les enfants peuvent commencer aussi à formuler des actions de grâce. Merci pour la sortie à la piscine, pour le bon goûter... Mais aussi des intentions de prière : ils sont en particulier sensibles à la maladie, la mort de ceux qu'ils connaissent.

Côté spi :

Les visites d'Église avec un petit sont très riches. On y parle à voix basse, des bougies brûlent, les statues des amis de Jésus sont fleuries... Pas besoin d'être longues, elles sont l'occasion de dire son amour au Maître des lieux, de Lui confier ceux que l'on aime et d'allumer une bougie pour eux.

À partir de 7 ou 8 ans

Jeu des métiers revisité : chacun mime une situation, une action qu'il aime, puis qu'il n'aime pas... Les autres doivent la deviner.

Relecture de la semaine passée au cours d'un repas familial : ce peut être au cours du déjeuner du dimanche. Chacun prend la parole à tour de rôle pour dire ce qu'il aimé, ce qui lui a fait plaisir ou ce qui lui a

« Prévoir régulièrement des temps dans la nature. Marches sans bruit, identification des étoiles, scoutisme… peuvent être de formidables aventures. »

déplu. Interdiction de couper la parole ou de commenter ce qui est confié, ceux qui ne parlent pas écoutent.

Éducation à l'amitié. Écouter lorsqu'ils parlent des autres enfants, les aider à identifier les amis trop intéressés, les plus inconstants, ceux qui sont vraiment bons, ouverts aux autres. Apprendre aussi à aller de temps en temps vers les plus seuls.

Profiter de ses déplacements hors de la maison pour écrire des petits mots affectueux, des cartes postales, des mails aux enfants. Essayer au maximum de le personnaliser en évoquant un bon souvenir partagé, une réussite, un espoir...

Ne pas surcharger les emplois du temps pour laisser place aux jeux, à l'improvisation, à l'ennui... Celui-ci est souvent nécessaire pour stimuler la créativité et le désir de l'enfant. Limiter le temps passé devant les écrans, échanger sur le choix des émissions ou des sites visités.

Relire avec eux les moments de joie, de contrariété, de peine... Apprendre à formuler et ordonner ses émotions. Encourager, souligner les progrès d'attitude sans comparer les enfants. Favoriser aussi les moments d'échange de réflexion, de formation de l'esprit critique... Qu'est-ce qu'on a aimé, pourquoi ? Qu'est-ce qui est vrai ? Pourquoi ?

Développer une initiation artistique en fonction des centres d'intérêt de l'enfant : visite d'expositions (courtes et préparées si possible), de monuments que vous aimez, pratique de loisirs (danse, musique, dessin, poterie)...

Donner le goût de la lecture, au besoin en lisant avec lui un chapitre sur deux... Reparler avec lui de ce qui était bien dans un livre, difficile à comprendre...

Prévoir régulièrement des temps dans la nature : marches sans bruit, cueillette, nuits sous la tente, identification des étoiles, scoutisme... peuvent être de formidables aventures. À choisir en fonction de vos centres d'intérêt et de ceux de l'enfant : « On fait aimer ce que l'on aime ».

Côté spi :

Des axes pour la prière familiale. Y laisser une place pour l'examen de conscience qui permet de relire la journée, l'inattendu, le bon, le moins bon, de remercier et de demander pardon. L'initier aussi à différentes formes de prière : lecture de l'Évangile (qu'est-ce qui m'a parlé), prière silencieuse, de louange, intercession...

Conseils

> « Laisser une place pour l'examen de conscience qui permet de relire la journée – l'inattendu, le bon, le moins bon –, de remercier et de demander pardon. »

> À partir de 11 ou 12 ans

Passer le relais. À des mouvements scouts, patronages, mouvements éducatifs proposant camps et retraites... Le choix est vaste, leurs programmes sont adaptés aux tranches d'âges. Ils savent mêler jeux, enseignements, fête, détente et prière... La compagnie d'un ami(e), d'un(e) cousin peut faciliter le premier pas. Ce peut-être aussi le moment de mieux découvrir le sacrement de la confirmation, le soutien qu'elle apporte.

Limiter le temps consacré aux écrans, et installer ces derniers dans des lieux de passage (couloir, salle à manger).

Leur proposer de nouveaux livres. Leur permettre de découvrir d'autres auteurs, différents styles d'ouvrages (roman, bibliographie, vies de saints). Et pour ceux qui ne veulent vraiment pas lire, une astuce qui marche souvent : exiger une demi-heure de lecture avant une demi-heure de jeux sur ordinateur.

Inciter les jeunes à prendre des initiatives, préparer des surprises, rendre des services : préparation de repas, spectacles, bricolage, aménagement de leur chambre ou d'un coin de la maison, visite de personnes isolées ou âgées...

Saisir les occasions de discussions quand elles se présentent. Se rendre disponible pour que ces échanges puissent avoir lieu régulièrement. Au besoin prévoir des temps avec chaque enfant en tête à tête.

Côté spi :

Les faire participer au maximum à la préparation de la prière familiale, à tour de rôle éventuellement. En même temps, il est bon d'alterner avec d'autres temps de prière : seul, à l'occasion, avec un parent dans sa chambre, à plusieurs pendant un trajet : récitation d'une ou plusieurs dizaines de chapelet pour une ou plusieurs intentions particulières (un ami malade, un examen à préparer...). Donner l'occasion de visites, de service des plus pauvres ou isolés : *« Ce que vous aurez fait au plus petit d'entre les miens, c'est à moi que vous l'aurez fait »*, en l'accompagnant bien sûr... et en s'adaptant à la sensibilité de l'enfant.

Prière

Je T'écoute, Seigneur

Ta parole, Jésus,
est si différente des autres.
Elle sonne vrai
et me touche au cœur.
Mais elle n'est pas toujours facile
à mettre en pratique.
Pourtant, je sens bien
que c'est toi qui me guides.
Si je t'écoutais plus souvent,
le monde serait plus beau.
Ce soir, Seigneur,
j'ouvre l'Évangile.
Je viens passer un moment près de Toi…
Parle !
Je suis prêt
à me laisser déranger par Toi.

(extrait de *La Prière c'est facile*,
par Charles Delhez, éd. Mame, 17 €.)

LIVRES, FILMS... NOTRE SÉLECTION

BEST OF

Le Tout-Petit

LUC LANNOYE
Éd. Fidélité, 156 p.

La Visitation est le fil conducteur de ces réflexions. Le mystère de la vie en gestation est contemplé dans sa globalité biologique, psychologique et spirituelle, à la lumière de Jésus «tout petit» dans le sein de sa mère. L'auteur s'emploie à articuler la lecture biblique et les acquis des sciences contemporaines sur le développement de l'enfant dès sa conception. Un livre qui se lit comme un récit de voyage, documenté, précis et passionnant... qui ravira les mamans!

Le Livre de prière

ÉGLISE CATHOLIQUE.
Éd. Mame, 63 p.

Mame publie un très joli livre de prière, pour accompagner les enfants de 7 à 11 ans dans leurs années de catéchisme. Les illustrations colorées invitent à la méditation. Grâce à de discrètes indications didactiques, ils pourront apprendre par eux-mêmes à prier en chaque occasion.

Le Potentiel religieux de l'enfant

SOFIA CAVALLETTI
Éd. DDB, 251 p.

Quel que soit leur milieu culturel, les très jeunes enfants ont au départ une connaissance mystérieuse de Dieu. C'est en partant de cette intuition que l'auteur a mis au point et développé la catéchèse du Bon Berger, inspirée des principes éducatifs Montessori. À l'aide d'un matériel spécifique et avec leurs cinq sens, les enfants découvrent avec un réel plaisir la liturgie de la messe et les textes bibliques. Un précieux outil d'éveil à la foi pour permettre à l'enfant de développer une relation personnelle avec Dieu.

DVD
Je veux être l'ami de Jésus

ANNE ALMÉRAS

Durée : 22 minutes
À commander à : «Enfance et Sainteté», 33, rue de Paris, 02 690 Essigny-le-Grand.
ou à : enfanceetsaintete@gmail.com

Mère de sept enfants, Anne Alméras nous fait découvrir comment initier les plus jeunes à l'adoration. Témoignage de Marie, 6 ans, au moment du coucher : *« Maman, à l'adoration tout à l'heure, on a chanté : "Je veux voir Jésus". C'est exactement cela, maman, je veux Le voir, je veux Le voir »*. Ce DVD est une belle illustration de cette phrase du Père Thomas Philippe : *« Ce sont les petits très humbles qui sont comme le dernier refuge de Jésus dans ce monde froid, dur, orgueilleux. »*

Je chante Dieu toute l'année

J-F. KIEFFER,
Éd. Mame, 43 p.

Après *Je chante Dieu de tout mon cœur,* le nouveau disque de Jean-François Kieffer ! Dix-neuf chants et leurs partitions de prières : un CD de grande qualité, pour prier avec les enfants tout au long de l'année !

LIVRES, FILMS... NOTRE SÉLECTION

BEST OF

Dieu existe-t-Il ?

CHARLES DELHEZ,
Éd. Mame/Fidélité, 160 p.

Parce qu'il y a des questions trop importantes pour qu'elles restent sans réponse : *« Pourquoi y a-t-il plusieurs religions ? »*, *« Pourquoi Dieu laisse-t-Il faire tout ce mal ? »*, *« Est-ce que la vie après la mort existe ? »*... La vie, la mort, Dieu, la foi, l'au-delà... Le Père Charles Delhez répond avec simplicité et intelligence aux questions des enfants. Des réponses pour faire grandir l'esprit et le cœur.

Les Grandes Questions de Prune et Séraphin

KARINE-MARIE AMIOT,
Éd. Mame, 63 p.

Trouver un oiseau dans le jardin, rencontrer un monsieur très pauvre dans la rue, jouer au ballon avec un petit garçon handicapé... C'est ça la vie de Prune et Séraphin ! Une vie pleine de petites aventures qui provoquent de grandes questions sur Dieu, le sens de la vie... 19 vraies questions métaphysiques des 3-6 ans.

Je chante Dieu de tout mon cœur

C. PONSARD, J-F. KIEFFER,
Éd. Mame, 48 p.

Les talents de Jean-François Kieffer et de Christine Ponsard conjugués pour l'éveil à la foi et à la prière des enfants. Dès 5 ans.

Chantons
en famille !

MICHEL ET MARIE-FRANÇOISE PENHARD,
Éditions de l'Emmanuel, coffret de 3 CD

Les trois premiers CD de la collection *« Chantons en Famille ! »*, réédités en un seul coffret (44 chants–2h30 de musique). Les paroles des textes de cet album, inspirées de la Parole de Dieu, sont accompagnées par des mélodies simples qui peuvent être facilement mémorisées par petits et grands. Ces chants peuvent être utilisés pour la prière personnelle, familiale, ou pour des célébrations (catéchèse, aumônerie, groupe de prière…).

Également disponible en MP3 téléchargeable sur le site http://chants.ilestvivant.com

Marguerite Léna
L'esprit de l'éducation

LAURENT PORTES, BERNADETTE SAUVAGET,
Éd. Le Jour du Seigneur, DVD

Comment éveiller l'intelligence des jeunes ? Comment enseigner aujourd'hui ? Est-il toujours nécessaire d'enseigner la philosophie ? Alors que notre société s'interroge sur l'éducation et l'enseignement, le témoignage de Marguerite Léna est plus que précieux. De façon originale, ce professeur de philosophie donne des repères et renouvelle ce que doit être, fondamentalement, l'acte d'enseigner et d'éduquer. Une parole forte et rigoureuse, soutenue par son expérience, qui touchera parents, enseignants et éducateurs.

QUESTIONS DE COUPLES

| Les réponses du Père **Denis Sonet** |

« Mon conjoint dit que je l'étouffe », « Mon mari se défile toujours », « Ma femme dépense trop »... Plaintes caricaturales ? Pas tant que cela. Il suffit d'écouter les confidences des uns et des autres pour se rendre compte que certaines plaintes sont communes à de nombreux couples. Le Père Denis Sonet, formateur de conseillers conjugaux et auteur de nombreux ouvrages sur la vie affective, leur répond avec son humour, sa clairvoyance et sa tendresse coutumières.

Sommaire du BONUS

« MON MARI (OU MA FEMME) DIT QUE JE L'ÉTOUFFE »

« *Il dit que je l'étouffe, alors que je fais tout pour son confort et son bonheur !* » Et il ne faudrait pas croire que ce sont uniquement des femmes qui tiennent de tels propos. C'est que le couple a besoin de respirer !

Combien d'hommes expriment le sentiment pénible d'étouffer, quand il ne disent pas, plus prosaïquement, qu'on leur « pompe l'air ». Combien d'épouses (qui se sont plaintes amèrement de l'absence de leur mari accaparé par sa vie professionnelle) trouvent, la retraite venue, qu'il est beaucoup trop « dans leurs jambes ». Tout couple est animé par deux grands désirs qui peuvent paraître contradictoires et difficiles à concilier.

LE DÉSIR D'UNITÉ

Ceux qui s'aiment ont en général une soif ardente et impatiente de vivre une union profonde, s'exprimant dans un besoin de présence et de partage à tous les plans. *« Quand on sera mariés,* disent certains fiancés, *on ne fera plus qu'un, on ne se quittera plus, on fera tout ensemble. »* C'est un peu la recherche de la fusion vécue dans la petite enfance dans la relation à la mère, douce fusion à laquelle il a bien fallu renoncer mais que l'inconscient rêve toujours de retrouver un jour.

LE DÉSIR DE RESTER SOI

À l'opposé du désir d'unité, ou du moins en parallèle, existe, très fort, le désir de garder sa personnalité, de ne pas être absorbé par la fusion. On veut bien l'unité, mais on entend garder son quant-à-soi, sans être phagocyté par le conjoint. *« Dans un couple, il s'agit de n'être qu'un,* disait Sacha Guitry, *reste à savoir lequel. »*

Si bien que tout couple, marié ou cohabitant d'ailleurs, est construit sur une tension congénitale, inévitable : n'être qu'un, en restant deux. Rester unis, mais séparés. Proches et distants à la fois.

« UNION LIBRE », DITES-VOUS !

Les jeunes et les moins jeunes (!) disent parfois qu'en face du « mariage carcan », l'idéal est « l'union libre ». Mais « union » et « libre » sont deux mots qu'il n'est pas si facile de rapprocher : on ne peut jamais vivre parfaitement l'unité et la liberté. Dans un couple, on ne peut être totalement unis et totalement libres à la fois.

Tout couple, comme toute communauté, se construit sur un équilibre permanent entre ces deux exigences.

Et l'on voit alors apparaître trois types de couples :

- Les couples où prédomine l'unité, mais aux dépens du respect des personnes. Couples « scotchés », qui s'entendent bien, mais au prix souvent de l'écrasement de la personnalité de l'un. Couples où l'un des conjoints a l'impression d'être étouffé par l'autre, trop avide d'unité.
- Les couples où prédomine la liberté de chacun. Couples allergiques aux contraintes. Couples qui se disent « modernes », parce que chacun a la possibilité de faire passer en premier ce qu'il désire. Couples « libérés » qui ne connaissent pas, prétendent-ils, ce sentiment « malsain » de la jalousie. Ou autre cas de figure couples « enroutinés » où les conjoints vivent côte à côte, sur deux voies parallèles, qui s'écartent d'ailleurs avec les années. L'unité est sacrifiée, et tôt ou tard, l'un des conjoints souffre de solitude, de manque de chaleur humaine.
- Les couples qui essaient de faire coexister cette double attente de l'unité et de la liberté : l'union dans le respect des personnes. Les conjoints, dans un premier temps, respectent la différence, et même s'en réjouissent, mais dans un deuxième temps, n'oublient pas de refaire l'unité un instant sacrifiée. Couples qui, comme le chante Mannick, *« ne craignent parfois de s'éloigner l'un de l'autre, un moment, que pour mieux se retrouver ».* Chacun peut vivre des activités qui l'épanouissent, à condition ensuite de partager avec l'autre ses découvertes ou ses ennuis. Ainsi l'unité sera-t-elle reconstruite, non pas malgré la différence, mais sur et grâce à la différence.

NI TROP LOIN, NI TROP PROCHES

Dans les problèmes courants de la vie conjugale, il importe de toujours sauver ces deux aspirations en s'empressant d'honorer celle qui a pu être un instant laissée sur la touche. Un couple doit respirer, avec des temps forts d'union alternant avec des plages de liberté, seule façon d'éviter à la fois l'étouffement et la solitude à deux.

Cela exige que chaque conjoint accède à l'amour adulte, qu'il renonce à la possessivité de l'amour infantile, et qu'il sache qu'il peut supporter une certaine solitude. Ce qui exige également un amour tendresse qui aura soif de ces grands moments de communion, où le couple se ressource après d'inévitables séparations.

« MON MARI SE DÉFILE TOUJOURS »

« *Quand il s'agit de rendre service, de s'engager, de s'expliquer, il se trouve un prétexte pour refuser ou remettre à plus tard* », analyse une épouse, après quelques années de mariage. Ces alibis mêlés de mauvaises excuses mettent, à terme, le couple en danger.

Il n'y a pas que le truand soupçonné d'un délit ou l'automobiliste en infraction pour se justifier en inventant d'utiles alibis. Pour s'excuser d'un faux pas, chacun de nous en est parfaitement capable.

Les couples de jeunes qui commencent une histoire d'amour, peuvent y avoir recours. Ils n'y voient pas encore clair dans leurs sentiments. Si l'un s'attache plus vite et plus fortement que l'autre, ce dernier, pour freiner un processus qu'il juge trop rapide, imagine des alibis pour gagner du temps et ne pas le faire souffrir : « *Actuellement, il faut absolument que je pense en priorité à mes études* » ; ou « *mes parents ont besoin de temps pour se faire à l'idée* » ; ou « *on est jeunes pour prendre une décision* », etc.

CE NE SONT PAS DES MENSONGES CARACTÉRISÉS

Tout alibi comporte souvent une part de vérité. Il reste que l'attitude la plus opportune serait pour ces jeunes de tendre à une grande transparence, d'exprimer en vérité les sentiments qui les habitent

et leur évolution : *« Vois-tu, je ne veux pas te tromper : j'ai des sentiments pour toi mais il me semble qu'ils ne sont pas encore assez forts pour que je te dise le "Je t'aime pour toujours" que tu attends »*. Le flou ne peut engendrer que de regrettables illusions.
Les alibis, on les retrouve aussi dans le quotidien de la vie conjugale : *« Tu me dis que tu dois monter à Paris pour affaire, mais avoue que c'est surtout parce que tu tiens à passer chez ta mère »* ; ou *« J'ai cabossé ta voiture, mais je ne l'ai pas fait exprès. Heureusement, non ?! Oui, mais c'est à cause des freins que tu devais faire changer ! »*.

DE MÊME, LE « JE SUIS FATIGUÉ(E) ! »

Cette remarque n'a l'air de rien, mais elle peut être fort utile pour refuser un service, une sortie désirée par l'autre, ou un geste d'amour. Il n'est pas toujours facile de déceler si l'on est en présence d'un alibi calculé ou d'une réelle fatigue. La peur de faire souffrir l'autre explique souvent qu'on « minore » ses propos, ou qu'on s'esquive sans se culpabiliser.

LES ALIBIS FLEURISSENT SURTOUT LORSQUE DES COUPLES SE SÉPARENT

Dans ce cas, le besoin de se justifier est impératif aux yeux du coupable. Le mari (ou la femme, d'ailleurs) qui abandonne le foyer conjugal, parce qu'il (elle) s'est entiché(e) d'une autre personne, trouve souvent des alibis à la pelle pour expliquer son geste. Il (elle) dira volontiers : *« Tu sais très bien que depuis quelque temps, je ne comptais plus pour toi, qu'il n'y en avait que pour les enfants ou pour ton travail »*.
Le conjoint abandonné, qui se sentait déjà coupable de n'avoir pas su vraiment comprendre et aimer celui qui s'éloigne, culpabilise d'autant plus quand ce dernier lui reproche un manque de tendresse ou toutes sortes de fragilités ou d'incapacités.

IL EST FACILE DE TROUVER DANS LES IMPERFECTIONS...

... inévitables du conjoint des prétextes à la rupture ! Dans ce triste cas, puisse celui qui quitte le domicile conjugal avoir au moins le courage de clarifier les raisons exactes de son départ. Voire, parfois, de reconnaître que la cause véritable est cette grande passion qui s'est emparée de lui. Pour le conjoint abandonné, déchargé d'une culpabilité qu'il ne méritait pas vraiment, la souffrance sera moins forte.
En définitive, quels que soient les moments de la vie du couple, il est important que la relation se vive dans la vérité. Même si la transparence totale est impossible, il est bon de faire l'effort du parler vrai. Ce qui exige de chacun une authentique loyauté.

QUEL SOULAGEMENT QUAND, SUR TEL OU TEL POINT CONFLICTUEL OU DOULOUREUX...

... on arrive à s'expliquer paisiblement, à dire le fond de ce que l'on ressent, ce dont on a besoin. *« La vérité vous rendra libre »*, enseigne le Christ. On ne gagne rien à ruser, à faire diversion : l'autre n'est pas constamment dupe, il pressent ce qui est caché. *« Il ne sert à rien, à long terme [et la vie de couple, c'est du long terme !] d'agir comme si je n'étais pas ce que je suis »*, écrivait le psychologue Carl Rogers. •

« MON MARI N'EST GENTIL QU'AVEC LES AUTRES »

« Je n'arrive pas à comprendre mon mari**, me disait une épouse. **Tout le monde me dit combien il est, à l'extérieur, un homme affable et délicat, alors qu'à la maison il est bougon, et même dur. La famille ne profite jamais de cette prétendue gentillesse. »

Ainsi, certaines épouses se demandent si l'homme qu'elles ont épousé n'aurait pas deux façades, deux personnalités. Faut-il que l'agressivité de Monsieur trouve quelque part un exutoire ? Si ce défoulement ne peut s'exprimer sur son lieu de travail, peut-être a-t-il alors besoin de se libérer à la maison ? Tout le monde connaît la réaction en chaîne de l'ouvrier rabroué par son patron : rentré à la maison, il s'en prend à sa femme, qui s'en prend aux enfants et les enfants au chien ! Dans la vie professionnelle, il faut parfois faire profil bas : enfouir son ressentiment, qui ne pourra se donner libre cours qu'à la maison.

POURQUOI CETTE GENTILLESSE N'EST-ELLE PAS IMPORTÉE À LA MAISON ?

Dans la mesure où le couple a une bonne communication, où l'homme saura mettre des mots sur sa rancœur, et sa femme accueillir cette souffrance, sans jugement ni humiliante pitié, il est possible que l'agressivité s'évanouisse, et que la gentillesse fasse son retour.
Mais, me direz-vous, *« Mon mari n'a pas de problème avec son chef, il n'empêche qu'il est gentil avec tout le monde, sauf avec nous ! J'en suis jalouse »*. Pourquoi alors cette affabilité à l'extérieur ? Est-ce une gentillesse commerciale ? Une sauvegarde de son image ? Le plaisir de découvrir des inconnus ? Pourquoi cette gentillesse n'est-elle pas importée à la maison ?

QUE LE MARI PRENNE CONSCIENCE DE LA SOUFFRANCE QU'IL CRÉE

Il est vrai que les rencontres passagères sont plus faciles à « saupoudrer » de gentillesse que la vie au quotidien avec les mêmes personnes ! Mais je ne veux pas croire que ce capital de bonté est à ce point limité qu'il serait épuisé au retour chez soi. Et le problème ne peut se résoudre que si le couple réalise que la routine est un ennemi mortel, qu'il ne faut jamais s'habituer à l'autre.
Il importe que le mari prenne conscience de la souffrance qu'il crée quand il pense un peu vite que ses enfants et son épouse voient parfaitement tout ce qu'il fait pour eux. Ce qui, à ses yeux, n'exigerait pas la nécessité de faire assaut de gentillesse et de crier d'évidents et inutiles *« Je t'aime ! »*.

« MA FEMME DÉPENSE TROP »

« Ma femme ne comprend pas que, maintenant que nous sommes à la retraite, nous n'avons pas autant d'argent à dépenser, m'écrit un lecteur. Et pourtant, elle dépense, elle dépense et me trouve radin ! »

Parmi les problèmes qui concernent le passage à la retraite, il y a en effet ceux d'ordre financier. La majorité des couples se voit obligée de faire attention. Il semble que ce soit le cas chez cet homme. Et sa femme ne semble pas en avoir conscience, au point qu'elle lui reproche ce qu'elle estime être de l'avarice.
Pourquoi ? Je suis obligé d'imaginer des hypothèses au sujet des désaccords rencontrés. Bien souvent, la femme n'a jamais vraiment été mise au courant des gains de son conjoint pendant la vie active. Je suis frappé par le nombre d'épouses qui ignorent ce que possède le couple : soit que ça ne les intéresse pas, du moment qu'elles ont l'argent demandé ; soit que le mari joue à l'écureuil solitaire qui thésaurise. On comprend, si c'est le cas, que la femme de ce lecteur n'ait pas réalisé le changement brutal engendré par la retraite.

ÉPARGNER OU AIDER LES PETITS-ENFANTS ?

Mais le plus souvent, le désaccord se situe au niveau de l'utilisation faite de cet argent. « *D'accord,* disait une femme à son mari, *tu as moins d'argent, mais tu continues à t'acheter ce qui te plaît, et même plus qu'autrefois, pour meubler tes nouveaux temps de loisirs, alors que tu me reproches de ne pas savoir me restreindre pour l'achat des produits quotidiens !* » Il peut aussi se faire que Monsieur, pour améliorer son épargne, utilise son argent pour boursicoter, alors que Madame préférerait aider ses enfants et petits-enfants.

UNE NÉCESSAIRE TRANSPARENCE

Il peut aussi exister des maris radins qui, en vieillissant, ont peur de se trouver dans le besoin et ne veulent pas se « déshabiller » trop vite en donnant aux enfants. Mais le plus souvent, s'ils reprochent à leur femme d'être dépensière, c'est qu'ils n'ont pas conscience du coût de la vie et de son augmentation. Il est donc sage, parfois, que la femme envoie son mari faire les courses. Histoire qu'il se rende compte par lui-même des prix pratiqués.
De toute façon, pour ce problème comme tous les autres rencontrés par le couple, la transparence s'impose. En mettant sur la table le bilan exact des rentrées d'argent et des achats, en tenant clairement le conjoint au courant des dépenses réalisées, et surtout en ne faisant pas de l'argent un dieu, les époux seront assez intelligents pour trouver un consensus sur la façon de bien gérer ce fameux Mammon dont parle la Bible, cause de bien des souffrances. •

« JE SOUHAITERAIS TOUT FAIRE AVEC MON MARI »

« On se marie pour tout partager, pour tout faire ensemble, n'est-ce pas ?, m'écrit une jeune mariée. Mais mon mari, lui, est loin de cet idéal. »

Nombreuses sont les épouses qui se plaignent que leur mari n'éprouve pas le besoin de partager davantage avec elles la vie du quotidien. *« J'ai l'impression que mon mari est un célibataire marié !*, disait une femme. *Je sens bien qu'il m'aime, mais je désirerais tellement que nous fassions ensemble des activités : que nous suivions ensemble une retraite, que nous priions ensemble, que nous fassions ensemble du shopping. Il me manque dès qu'il n'est plus à mes côtés. »* Tout faire ensemble est en effet le rêve de beaucoup d'épouses. Tout se dire. Tout partager. Faire vraiment un « nous ». Vivre côte à côte, main dans la main : n'est-ce pas là le désir de l'amour authentique ? Dès lors, quand le mari semble craindre l'étouffement et refuse de se « scotcher » dans une fusion aliénante, l'épouse en vient à se demander s'il est vraiment amoureux.

DES VISIONS DU COUPLE RADICALEMENT DIFFÉRENTES

Dans un best-seller américain, *Les Hommes viennent de Mars, les femmes de Vénus*, qui reprend des idées qu'on n'osait plus affirmer en France,

John Gray donne une explication toute simple (simpliste, diront certains) : les femmes n'ont-elles pas encore compris que les hommes et les femmes ne viennent pas de la même planète ? Leur vision du couple est au départ radicalement différente.
L'homme éprouve le besoin périodiquement de se retirer « dans sa caverne », comme l'explique l'auteur. On aurait dit autrefois que l'homme est compartimenté : quand il est au travail, à la pêche ou en réunion, il oublie qu'une femme, plus unifiée, pense à lui et désire sa présence. La femme, en général, a besoin d'une présence constante de l'être aimé ; l'homme, d'une présence périodique. L'homme dira volontiers qu'un couple doit pouvoir respirer. Avec, certes, des temps forts d'union et d'intimité alternant avec des plages de liberté. N'y a-t-il pas, dans ce cas, le plaisir des retrouvailles, alors que ce n'est pas toujours facile de vivre côte à côte à longueur de journée ?

TOUT FAIRE À DEUX N'EST PAS POSSIBLE

Mais peut-être faut-il chercher la réponse dans une autre direction. Le problème du couple n'est pas tellement de « tout faire ensemble », mais de « tout faire en fonction de l'autre ». Tout faire ensemble n'est pas possible. Surtout aujourd'hui. Le travail professionnel, les activités associatives, ne permettent pas de vivre constamment l'un près de l'autre. Les femmes, elles-mêmes de plus en plus insérées dans le monde du travail, trouvent des centres d'intérêt très prégnants hors du couple. L'amoureux qui part dans la vie conjugale en se disant « *On ne se quittera jamais* » devra se rendre à l'évidence : la vie sépare autant qu'elle unit.
Pourtant, cette belle unité à laquelle le couple aimant aspire est possible, dans la mesure où chacun reste « branché » sur l'autre. Ainsi, dans ses activités professionnelles ou caritatives, l'époux n'oubliera pas qu'il est marié : « *Quel conseil ma femme me donnerait-elle en face de tel problème ?* ». Il ne réagira pas seulement en son nom propre ; il aura une réaction duelle.

ENSEMBLE, AU-DELÀ DES SÉPARATIONS

De même, l'épouse qui, par exemple, se rend seule à la messe du dimanche, ne perdra pas son temps à soupirer en regrettant l'absence de son mari : elle le portera dans sa prière, elle dira à Dieu ces mots que lui-même ne manquerait pas de prononcer s'il partageait sa foi. Cette union des esprits transcende les séparations. Encore faut-il qu'il y ait dans le couple ces instants de communication qui permettent une osmose réciproque des conceptions, des aspirations, des attentes, des joies et des peines.
Notre relation à Dieu n'est-elle pas étrangement semblable à cette relation du couple ? Elle n'a rien de fusionnel, et pourtant, malgré les silences du Seigneur, n'est-elle pas riche et profonde ? Grâce à ces temps forts que sont l'écoute de sa Parole dans l'Évangile et surtout la réception chaleureuse de sa Présence eucharistique.

« MON MARI TRAVAILLE TROP, Y COMPRIS LE WEEK-END »

Nombreux sont les maris qui ont entendu les reproches amers d'une épouse : *« Tu n'es jamais là... Il n'y a que ton travail, tes dossiers, ton entreprise qui compte, la famille passe après... Tu n'auras pas vu grandir tes enfants... J'ai l'impression que tu t'embêtes avec moi... »* Et la réponse des maris ne se fait pas attendre : *« Tu ne crois pas que tu exagères ? Que dirais-tu si tu avais épousé un marin au long cours ou un commercial international... ou un mari passant ses soirées au café ? Et d'abord, si je travaille, c'est pour qui ? Dans quelques années ça ira mieux... C'est une période où je dois assurer... ».*

Dans ce cas, comme dans tant d'autres d'ailleurs, il importe que chaque conjoint fasse un effort d'empathie dicté par l'amour : en essayant de comprendre le fonctionnement de l'autre, son ressenti, sa façon de concevoir la vie de couple.

Peut-être votre mari n'a-t-il pas suffisamment pris conscience de l'immense attente qu'une femme a du mariage. Pour la plupart, le bonheur doit commencer ce jour-là : elles ont attendu ce jour avec impatience, elles ont rêvé de vivre enfin une relation chaleureuse et permanente qui les arracherait à leur solitude de jeune fille... Au fiancé qui acquiesçait volontiers à l'époque, elles parlaient avec passion de ce « nous » qu'ils allaient réaliser : *« Nous deux, on dialoguera... Nous deux, on fera un nid bien chaud pour nos petits... Nous deux, on priera ensemble ».*

« Nous deux ! », mot magique, porteur d'une espérance folle. Si bien que l'épouse a ensuite besoin d'une présence continue de l'aimé, et que toute séparation est dure à supporter. Même quand elle travaille à l'extérieur, elle ne coupe pas le fil qui la relie à son mari, ses enfants, sa maison, et la pensée de ceux qu'elle aime ne la quitte jamais totalement, à moins qu'elle ne soit elle-même investie dans de hautes responsabilités. Bien plus, s'il est une période dont elle attend beaucoup, c'est le week-end, le dimanche, le jour de son seigneur ! Jeune

fille, elle appréciait ces dimanches qui lui permettaient de rencontrer son futur, et quand le dimanche soir il la quittait, elle pensait qu'une fois mariée, il serait tout à elle. Or, voilà que justement ce fameux dimanche est devenu pour Monsieur jour de pêche, de chasse, de bricolage... ou de travail à terminer. Comment n'aurait-elle pas l'impression d'avoir été flouée ?

ESSAYONS DE COMPRENDRE LE « FONCTIONNEMENT » DU MARI...

En général, il ressent moins que l'épouse le besoin d'une présence permanente de l'aimée – sauf lorsqu'il se vit comme un mal-aimé. Une présence cyclique peut le satisfaire. Moins unifié que l'épouse, il compartimente davantage sa vie, se laissant absorber tout entier par l'occupation du moment. S'il est au bureau, il n'est pas ailleurs... et un coup de fil de l'épouse ne lui provoque pas forcément un plaisir fou. Quand il est à la pêche, il regarde fixement le bouchon, sans rêver les yeux au ciel à celle qui l'attend à la maison.
Certes, l'épouse n'ignore pas que son mari a des obligations professionnelles impératives ou un grand besoin de détente, mais ce qui l'irrite, c'est qu'elle a l'impression parfois « qu'il aime ça » (plus qu'elle ?), qu'il ne souffre pas de son absence, qu'elle ne lui manque pas.
Dès l'instant où chacun fait l'effort de comprendre l'autre, les solutions peuvent se trouver facilement. C'est Monsieur qui s'efforcera de noter dans son agenda des plages réservées pour le couple, faisant à sa femme le don du temps-cadeau... qui lui expliquera aussi combien certains jours il préférerait tellement être à la maison plutôt qu'au bureau... qui lui fera la surprise de rentrer plus tôt certains soirs ou de lui offrir un week-end en amoureux dans un coin enchanteur, compensant ainsi ses absences par des moments de disponibilité totale et d'attention. Par exemple, si le pêcheur qui a pris à sa femme des heures précieuses pour son passe-temps favori revenait le soir dix fois plus amoureux, Madame ne manquerait pas de penser : *« Vivement qu'il reparte ! »*.
De votre côté, Madame, ne mettez pas en doute l'amour de votre mari parce qu'il travaille trop, quand justement il pense « se défoncer » pour le bien de tous. Car finalement, c'est ce sentiment d'être mal-aimée ou moins aimée qui vous fait souvent prendre en grippe ce travail, aussi accaparant qu'une rivale.
Comprenez qu'il puisse cesser de penser à vous quand il mène une âpre discussion commerciale ou que, glissé sous une voiture, il répare une pièce déficiente.
C'est quand il est dans vos bras qu'il faut juger de son amour, car, à cette minute, il est tout entier à vous, et ce serait une erreur de le rejeter (pour le punir de ses absences !) ou de le renvoyer dans son compartiment-travail en lui parlant de ses préoccupations professionnelles.

MADAME, NE VIVEZ PAS UNIQUEMENT POUR VOTRE CONJOINT...

... ou pour vos enfants. Vivez aussi pour vous. Trouvez des activités qui vous épanouissent. Il faut aussi apprendre à vivre seul(e). La vie peut vous séparer, et il faut faire face. Et puis, observez autour de vous : n'est-ce pas un brin cocasse de voir des épouses qui ont tellement réclamé la présence de leur mari à leurs côtés, ne plus pouvoir le supporter à l'heure de la retraite ? •